Brigitte Heinisch
mit Andreas Schug

SATT UND SAUBER?

Eine Altenpflegerin kämpft
gegen den Pflegenotstand

Rowohlt Taschenbuch Verlag

Originalausgabe

Veröffentlicht im Rowohlt Taschenbuch Verlag,

Reinbek bei Hamburg, Oktober 2008

Copyright © 2008 by Rowohlt Verlag GmbH,

Reinbek bei Hamburg

Satz Apollo PostScript (InDesign)

bei KCS GmbH, Buchholz bei Hamburg

Druck und Bindung CPI – Clausen & Bosse, Leck

Printed in Germany

ISBN 978 3 499 62338 7

Der Mensch macht,
was er für richtig ansieht.
Das ist kein Heldentum.
Marek Edelmann

INHALT

VORWORT
Wenn eine Altenpflegerin nicht mehr Komplizin des Unrechts sein will

Der «Pflegenotstand» wird in Deutschland seit Jahren beschworen. Der Öffentlichkeit liegen alle Fakten vor. Die durchschnittliche Lebenserwartung der Menschen hat sich auf gegenwärtig 86 Jahre bei Frauen und auf 81 Jahre bei Männern erhöht. Viele von ihnen leiden mit zunehmendem Alter nicht nur unter einer Erkrankung, sondern unter mehreren, die Fähigkeit zu selbständiger Bewegung nimmt ab. Auch deshalb sind immer mehr alte Menschen auf Betreuung angewiesen. Innerhalb der nächsten beiden Jahrzehnte wird die Zahl der Pflegebedürftigen um mehr als das Doppelte auf schätzungsweise 3,4 Millionen ansteigen.

Ein Teil des gleichzeitig wachsenden Reichtums, der nicht zuletzt durch diese Menschen erarbeitet und durch den Produktivitätszuwachs weiter gesteigert wurde, könnte für eine altersgemäße und menschenwürdige Ausgestaltung der Pflege eingesetzt werden. Auch viele qualifizierte Arbeitsplätze könnten entstehen. Doch es geschieht das Gegenteil. «Abzocke» und «Pflegemafia» sind gängige Begriffe in Büchern und TV-Sendungen: In die Altenheime werden immer mehr Pflegebedürftige abgeschoben, aber das Personal wird nicht im gleichen Maße aufgestockt.

Auch in den Krankenhäusern wird seit einem Jahrzehnt Pflegepersonal abgebaut. Die «Betreuten» werden lieblos aufbewahrt, rumgeschubst, stillgestellt, in ihrer

Menschenwürde ständig verletzt. Das Personal steht in Schicht-, Nacht- und Wochenendarbeit unter enormem Zeit- und Versagensdruck, der Anteil der Niedriglöhner, Scheinselbständigen und Minijobber wird erhöht. Osteuropäische Frauen werden eingeschleust und arbeiten rechtlich ungeschützt für 1,80 Euro pro Stunde in Privathaushalten. Vorgeschriebene und vertraglich vereinbarte Betreuungsleistungen werden nicht erbracht, manipulierte Leistungsnachweise und Rechtsbrüche sind an der Tagesordnung.

Die politisch «Verantwortlichen» geben ihre Verantwortung an Investoren ab. «Strategische Weiterentwicklung zum Anbieter moderner Altenpflege» – solche Sprüche mögen gut klingen. Doch die höhere Effizienz ist, wie der «Wirtschaftsaufschwung» auch, gespalten: Die Aktionäre und ihre Geschäftsführer steigern ihre Gewinne, Einkommen und Prämien, aber auf Kosten derer, um deren Wohl es «eigentlich» geht. Die Altenpflege wird – wie andere Bereiche der sozialen Grundversorgung – unter das Diktat ständig zu erhöhender Renditen gepresst. Gnadenlos werden Notsituationen ausgenutzt: Die Betreuten sind schwach, und die (noch) beschäftigten Betreuer fürchten um ihre bedrohten Arbeitsplätze. Erpressung ist alltäglich.

In den Medien kommen immer wieder Mitarbeiter aus Altenheimen zu Wort. Ihre Gesichter sind verdeckt, ihre Namen anonymisiert, ihre Stimmen verfremdet. In einem Land, das Meinungsfreiheit für sich reklamiert und sich darin anderen Staaten überlegen präsentiert, herrscht Schweigen und Angst vor Repressionen.

Mit Brigitte Heinisch macht eine Altenpflegerin zum

ersten Mal in Deutschland ihre Geschichte vollständig öffentlich: mit ihrem richtigen Namen und mit offenem Visier. Das ist ihr keineswegs leichtgefallen. Sie schildert ihren Berufsweg, zunächst in einem ambulanten Pflegeteam, dann in einem Berliner Seniorenheim, das wenig später teilprivatisiert wurde, zuletzt in einem weiteren Heim. Sie wechselt, weil sie die Pflegebedingungen nicht akzeptieren will. Doch sie muss erkennen, dass ihre Flucht ohne Erfolg ist: Sie trifft überall auf die gleichen Zustände.

Im letzten Altenheim wächst deshalb ihr Widerstand, zunächst langsam und tastend. Die Heimleitung gibt die Anweisung aus: Vorrangig sind die Alten zu versorgen, die sich beschweren! Es soll Ruhe einkehren. Die Leitung verbietet den Pflegekräften, sich mit Antworten wie «Ich habe keine Zeit» und «Wir haben leider zu wenig Personal» bei den Heimbewohnern zu entschuldigen. Das sei schädlich für das Unternehmen! Brigitte Heinisch macht durch, was auch andere Altenpfleger durchmachen, der Körper rebelliert: Stechen im Brustkorb, «unerklärliches» Schwitzen, Atemnot ohne erkennbaren Anlass, Herzrhythmus- und Schlafstörungen, Erbrechen, «grundloses» Weinen. Sie wird mehrere Male krankgeschrieben, wird nie ganz gesund.

Sie wendet sich an die Geschäftsführung, wird abgewiesen. Schließlich stellt sie Strafanzeige wegen Betrugs an den Heimbewohnern und wegen Nötigung der Mitarbeiter. Doch der Staatsanwalt stellt nach wenigen Tagen die Ermittlungen ein. Brigitte Heinisch wird gekündigt. Die darauf folgenden Prozesse vor dem Arbeitsgericht ziehen sich hin.

Sie ist erst einmal traumatisiert, zweifelt an sich selbst, muss sich ums Überleben kümmern, für ihre beiden Kinder sorgen. «Wenn ich hier scheinbar souverän darüber berichte, was mir in all den Jahren widerfahren ist, stehen dahinter existenzielle Krisen, die bis heute nachwirken», schreibt sie. Es dauert Jahre, bis sich «die Tür der Erinnerung wieder etwas öffnet». Umso bewundernswerter und wertvoller ist es, dass sie es schließlich geschafft hat, ihren Erfahrungsbericht zu verfassen.

Brigitte Heinisch versteht ihren Bericht als Ermunterung an Pflegekräfte in Altenheimen und Krankenhäusern, aber auch an Heimbewohner, Patienten und deren Angehörige: Lasst euch nicht alles gefallen! Beschwert euch! Geht an die Öffentlichkeit! Die Fakten über den «Pflegenotstand» sind der Öffentlichkeit «eigentlich» bekannt. Damit das zu Konsequenzen führt, ist der Widerstand von Menschen wie Brigitte Heinisch notwendig. Aus eigener Erfahrung ist zunächst ihr ganz persönlicher Widerstand herangereift. Dann hat sie sich mit anderen zusammengetan.

Auf der Straße demonstrieren ist das eine, und es ist nötig. Aber das erpresste, angstvolle Schweigen der (Noch-)Beschäftigten an ihrem (Noch-)Arbeitsplatz ist das große Problem in Deutschland. Brigitte Heinisch hat einen Anfang gemacht, das Schweigen zu brechen. Sie hat dafür teuer bezahlt, mit Entlassung, mit zermürbenden juristischen Auseinandersetzungen. Aber sie hat es durchgestanden, mit der Hilfe Dritter.

Die Anzeichen dafür, dass Gewerkschaften mutiger und konfliktbereiter werden, nehmen zu. Sie müssen

Arbeitnehmer wie Brigitte Heinisch nicht erst nach einer Kündigung unterstützen, mit Rechtshilfe. Notwendig ist die Unterstützung am Arbeitsplatz. «Whistleblower» müssten auch vom Staat unterstützt werden, wie das bereits in anderen Ländern der Fall ist. Die «Treuepflicht» des Arbeitnehmers, die immer noch und immer mehr das Arbeitsrecht und das praktische Arbeitsverhältnis bestimmt, schließt nach geltendem Recht die Komplizenschaft im Unrecht ein. Das muss endlich überwunden werden, sonst sterben Menschenwürde und Demokratie.

Die große Mehrheit der Bevölkerung ist inzwischen zu der Erkenntnis gekommen, dass die Privatisierung der Daseinsvorsorge schlecht ist. Nach einer Umfrage des Meinungsforschungs-Instituts forsa Anfang 2008 herrscht die Überzeugung vor, dass nur der Staat flächendeckende Versorgung garantieren kann. Lediglich 16 Prozent der Befragten sprechen sich für weitere Privatisierungen aus. Das ist eine Kehrtwendung gegenüber dem Privatisierungs-Glauben, der noch in den 90er Jahren vorherrschte.

Auch der Verband der Kommunalen Unternehmen (VKU), der bisher eine unentschiedene Haltung einnahm, wacht auf. In seinem Auftrag fand das dimap-Institut heraus: Mehr als drei Viertel der Bevölkerung lehnen die Übernahme der Trinkwasserversorgung durch Privatunternehmen ab, nur 13 Prozent sehen das noch positiv. Auch das ist ein dramatischer Stimmungsumschwung; nur zwei Jahre zuvor hatte der sowieso schon stark geschmolzene Anteil der Privatisierungsanhänger noch 24 Prozent betragen. Und ist die Alten-

und Krankenpflege nicht mindestens so existenziell wie die Bereitstellung von gutem Trinkwasser?

Meine Hochachtung gilt dem Menschen Brigitte Heinisch. Ich wünsche ihr, dass sie ihren Weg weitergeht und dass immer mehr es ihr gleichtun.

Werner Rügemer

PROLOG

Durch den Flur dringt eine flehende Stimme. Ich laufe ans andere Ende des langen Ganges, es dauert ewig, bis ich endlich das Zimmer von Frau Hapke erreiche. «Hilfe, Hilfe!», schreit sie, unentwegt, Panik zeichnet ihr Gesicht. Mein Herz schlägt schneller, ich gehe zu ihr ans Bett, um zu schauen, ob alles in Ordnung ist, denn in den vergangenen Wochen hat sie rapide abgebaut. Ich finde keine Auffälligkeiten, körperlich geht es ihr den Umständen entsprechend recht gut, seelisch allerdings nicht. Nachdem ich den Puls überprüft habe und gehen will, klammert sie sich an meinen Arm und fleht: «Schwester, bleiben Sie hier, ich habe Angst!»

Es macht mich traurig, Frau Hapke so hilflos zu sehen. Wie ich aus ihren Erzählungen weiß, war sie früher sehr selbständig, hat sogar im Ausland gelebt und dort als Kindermädchen gearbeitet. Bis ins hohe Alter ist sie weite Strecken mit dem Fahrrad gefahren – und nun versagen ihre Kräfte. Wenn das so weitergeht, würde sie wie viele der anderen Heimbewohner Psychopharmaka erhalten, damit Ruhe auf der Etage ist. Wie ärgerlich, dass ich ihr keinen Beistand leisten kann, denn nur so könnte ich sie wirklich beruhigen! Was soll ich tun? Mein Zeitplan, in dem jede Minute zählt, ist jetzt schon überzogen! Habe ich eine Wahl? Schweren Herzens reiße ich mich los: «Es tut mir leid, Frau Hapke, aber ich muss dringend die Medikamente für den Mittag verteilen.» Wie meine Kollegin aus der Schicht davor lasse ich Frau Hapke mit ihrer Angst liegen und schließe im

Hinausgehen die Tür, weil das ständige Schreien nicht auszuhalten ist. Ich kann mich nicht um sie kümmern.

Mein Blick geht zur Uhr. Mist, es ist schon zwölf! Unvermittelt höre ich ein lautes Knurren. Das war mein Magen, denn seit halb sieben habe ich nichts Vernünftiges gegessen. Mir wird schlecht. Leicht benommen hetze ich zum Dienstzimmer, stopfe mir eine halbe Stulle in den Mund, mache die Tropfen für die Patienten fertig und nehme die vorbereiteten Tabletten mit. Als ich herauskomme, fliegt ein Glas mit Wasser durch das Foyer. Frau Deimel sitzt in ihrem Rollstuhl, schimpft laut und lässt sich gar nicht beruhigen. Sie gilt als schwierige Bewohnerin, weil sie oft sehr aggressiv reagiert und in ihrer Wut mit allem um sich wirft, was sie zu greifen bekommt. Des Öfteren entleert sie im Zorn ihren Dauerkatheter im Flur oder im Speisesaal. Das würde mir gerade noch fehlen! Hastig schiebe ich sie in ihr Zimmer, denn aus eigener Kraft kann sie von dort nicht mehr weg. Niemand hat die notwendige Ruhe, auf sie einzugehen und zu verstehen, warum sie häufig so erregt reagiert. Aus den Diagnosen geht hervor, dass sie früher Beruhigungsmittel genommen hat – bis zur Abhängigkeit. Doch auch dieses Problem kann ich nicht lösen, schnell laufe ich zu dem Medikamentenwagen, ich muss die Medizin für rund siebzig Bewohner auf drei Etagen verteilen. Dafür bleibt mir nicht einmal eine halbe Stunde …

Das war im Jahr 2003. Denke ich an solche Dienste im Pflegeheim, kommt es mir noch immer so vor, als seien sie nicht real: das Leid, das ich gesehen habe, die Verzweiflung der einsamen alten Menschen und die unterschiedlichen Ansprüche, die mich innerlich zerrissen, weil ich mich in diesen Momenten völlig herzlos fühlte. Unzählige Male musste ich sagen: «Ich habe keine Zeit!» Ich musste die Tür hinter mir zumachen, mich selbst verschließen, um mich zu schützen und nicht vollends ausgelaugt zu werden. Inzwischen arbeite ich in einer Wohngemeinschaft für Demenzerkrankte, in der viel Rücksicht auf die Pflegebedürftigen genommen wird. Im Gespräch mit Kollegen aus anderen Heimen stelle ich immer wieder fest, welch seltenes Privileg das ist. Und erst jetzt, nachdem ich schon lange diese neue Stelle gefunden habe, kann ich die Türen der Erinnerung wieder etwas öffnen.

Ich kenne den Alltag in den Heimen. Seit zehn Jahren arbeite ich als Altenpflegerin und begegne Männern und Frauen, die ein oft sehr schwieriges Leben gemeistert haben. Ich wasche sie, helfe ihnen bei der Nahrungsaufnahme und bringe sie ins Bett. All diese alten Menschen besitzen eine ausgeprägte Persönlichkeit, sie blicken auf eine wechselvolle Lebensgeschichte zurück und haben weiterhin Gefühle, Wünsche, Hoffnungen. Viele haben als Kinder und Jugendliche den Zweiten Weltkrieg miterlebt, dann erfuhren sie die Armut der Nachkriegsjahre. Sie und ihre Mütter klopften den Verputz von Ziegeln, mit denen wieder neue Häuser entstanden – Häuser, die jetzt von Jüngeren bewohnt werden. Sie selbst haben mit dem Alter zu kämpfen, wie ihre Eltern zuvor und ihre Kinder in Zukunft – und finden sich in Pflegeheimen wieder, in denen ihre Bedürfnisse häufig keine Beachtung finden. Vielen Pflegekräften bleibt nicht einmal die Zeit für ein persönliches Wort, sodass sich die hilfsbedürftigen Alten fragen müssen: Sind wir von der Gesellschaft überhaupt noch gewollt, oder werden wir bloß als Last betrachtet?

Während meiner Ausbildung habe ich vermittelt bekommen, dass der Mensch im Mittelpunkt meiner Arbeit stehen soll, doch in der Realität musste ich bereits während meines ersten Praktikums in einem Altersheim feststellen, dass andere Werte höher gehandelt werden; das war eine Erfahrung, die sich im Lauf der Jahre schmerzlich vertiefte. Meist hatte ich den Eindruck, ich müsse die gebrechlichen, verwirrten Menschen, die zynisch als «Pflegekunden» bezeichnet werden, wie am Fließband abfertigen.

Als ich mehrere Jahre in einem der größten Klinikkonzerne Berlins arbeitete, erlebte ich häufig solche Szenen, wie eingangs beschrieben, und schlimmere! Wenn ich hier scheinbar souverän darüber berichte, was mir in all den Jahren widerfahren ist, stehen dahinter existenzielle Krisen, die bis heute nachwirken. Am meisten hat mich belastet, dass ich die Menschen aufgrund des dauernden Zeitdrucks vernachlässigen musste. Die Angst, dass jemand während meiner Schichten infolge der Unterversorgung Schaden nehmen könnte, hat mich fast gelähmt. Irgendwann war ich so weit, dass ich meine Sinne mit Psychopharmaka betäubt habe, um den Dienst überhaupt noch antreten zu können.

Die Tatsache, dass der Pflegealltag einem durch das viele Heben, Umlagern und Bücken auch körperlich einiges abverlangt, tut ein Übriges, doch die psychische Anspannung ist das größte Problem. Unter dem Gefühl, die Arbeit nie befriedigend machen zu können, während zugleich die Gestaltungsmöglichkeiten fehlen, leiden viele Altenpflegerinnen und -pfleger. Es überrascht deshalb nicht, dass psychosomatische Beschwerden in meiner Berufsgruppe über 40 Prozent häufiger vorkommen als in anderen Professionen. Die Altenpfleger leiden definitiv unter dem «Pflegenotstand», jedoch trifft er die hilfsbedürftigen Alten am stärksten.

Immer größere Teile der Gesellschaft werden von jenem «Notstand» betroffen sein. Übrigens führt der Begriff etwas in die Irre: Es müsste «Pflege-Abzocke» heißen, denn das Problem entsteht oft dadurch, dass zur Gewinnsteigerung Personal eingespart wird, das dann in der Pflege fehlt. Die Zahl der Menschen über achtzig wird sich bis zum Jahr 2050 von heute vier auf rund zehn Millionen mehr als verdoppeln. Die meisten alten Menschen kommen früher oder später ins Heim. Denn selbst wenn die Kinder es wollen, können sich viele nicht mehr zu Hause um ihre Väter und Mütter kümmern; zu schwierig ist es, die Pflege mit dem Berufsalltag zu vereinbaren, vor allem, weil die Arbeitgeber immer mehr Flexibilität und Mobilität erwarten.

Was Altern bedeutet, wird gerne verdrängt. Schon, wenn die ersten körperlichen und geistigen Einschränkungen spürbar werden, beginnt ein langer Kampf um die Selbständigkeit. Dieses Ringen erlebte ich zum Beispiel bei einem alten Ehepaar, das ich einige Zeit in der häuslichen Pflege betreut habe. Der Mann arbeitete früher als Mathematikdozent an der Universität, seine Frau als Sekretärin; beide waren sehr sparsam und verfügten über ein komfortables Vermögen. Doch inzwischen lebten sie in einer verwahrlosten Zweizimmerwohnung, in der sich Zeitungen, Papiere und Kartons stapelten. «Ich habe noch so viel zu erledigen!», klagte der Mann häufig, da er mit den vielen Rechnungen und Mahnungen hoffnungslos überfordert war. Das Schlafzimmer konnten beide vor Papierbergen nicht mehr nutzen, sie schliefen auf einer ausgeklappten Couch im Wohnzimmer. In der klebrigen Küche konnte ich morgens nichts zubereiten, sodass ich immer fertige Hackepeterbrötchen mitbrachte. Sie hätten zusätzliche Hilfe gebraucht, um mit ihrem Alltag zurechtzukommen, aber der Mann unterband jeden meiner Versuche. Sobald ihm etwas nicht passte, fing er an zu schreien: «Ich brauche Sie nicht, wir kommen alleine klar, gehen Sie!» Er wollte sein Leben unter Kontrolle behalten, doch er schaffte es nicht – umso stärker wuchs sein Jähzorn.

Weil der Mann einen Dauerkatheter trug, dessen Beutel oft auf dem Boden umherlag, roch es penetrant nach Urin. Die Pflegedienstleiterin musste ihn in langen Gesprächen überzeugen, bis er mit einer umfassenden Pflegevereinbarung einverstanden war. Das Umsetzen dieser Vereinbarung war gar nicht so einfach, denn immer wieder fragte er: «Ist das nötig, muss das denn sein?» Oder er versuchte, uns aus der Wohnung zu werfen, und schrie: «Alle wollen bloß unser Geld!»

Das Ehepaar wurde mit der Zeit hinfälliger und musste komplett unter Betreuung gestellt werden. Ab und zu war es möglich, mit dem Mann ein kleines Gespräch zu führen. Er wünschte sich, dass seine Frau bei ihm ist, wenn er einmal stirbt, und falls seine Frau vor ihm stirbt, wollte er in den letzten Stunden bei ihr sein.

Das hatte mich tief berührt. Bei allem Ärger, den er uns bereitete, bewunderte ich seinen starken Willen, die Würde und Selbstbestimmung bis zum Tod zu behalten. Ich habe damals noch mitbekommen, dass er zur Kurzzeitpflege in ein Heim eingewiesen wurde, während die Frau weiter in der Wohnung lebte. Konnte sein Wunsch trotzdem in Erfüllung gehen? Das hoffte ich jedenfalls.

Im Umgang mit Pflegebedürftigen, deren Lebenszeit zu Ende geht, zeigt sich, wie ernst die Menschenwürde wirklich genommen wird. Obwohl für viele Alternde nichts wichtiger ist als die Nähe vertrauter Personen, müssen sie allzu oft Tage, Monate und Jahre voller Einsamkeit ertragen. Und jene in ihrem persönlichen Umfeld, die sich gegen solche und andere Formen der Verletzung der Menschenwürde wehren, verzweifeln und resignieren oft, weil jede Veränderung unmöglich erscheint.

Mir ist es bei allen Rückschlägen gelungen, mich als Altenpflegerin zu widersetzen. Mit meinem Bericht möchte ich anderen – Pflegekräften, Angehörigen und auch Heimbewohnern – Mut machen, sich aus dem Gefühl der Ohnmacht zu befreien, sich mit anderen Betroffenen zusammenzuschließen und gegen die Missstände in Pflegeheimen aktiv zu werden. Ich will außerdem jene wachrütteln, die das Problem herunterspielen, und zeigen, auf welche Katastrophe sie zusteuern, wenn sie glauben, Pflegeheime könnten «Profitcenter» sein – und alte Menschen seien wie Werkstücke, die mechanisch abgefertigt werden können.

Dieses Buch ist ein Plädoyer für eine menschen-würdige Pflege. Es richtet sich an Junge und Alte, an Frauen und Männer, an Gesunde und Erkrankte, denn das Thema geht jeden an. Wie soll es den Jüngeren er-gehen, die in zwanzig, dreißig oder vierzig Jahren zu den Alten gehören? Auch sie werden wohl irgendwann fremde Hilfe brauchen und wollen dann nicht in einem Heim leben, in dem sie ein einsames und menschen-unwürdiges Dasein fristen.

Berlin, im Mai 2008
Brigitte Heinisch

EIN NEUER BERUF

Als mein Sohn in die Kindertagesstätte kam, hätte ich nicht gedacht, dass ich einmal am Pflegebett arbeiten würde. Damals, in den 8oer Jahren, hatte ich eine feste Anstellung in einer Ostberliner Wohnungsverwaltung und ging davon aus, dass das noch jahrelang so weitergehen würde, auch wenn ich die Meinungsmanipulation und die Repressalien gegenüber Andersdenkenden in der DDR ablehnte. Mein Unmut darüber steigerte sich so stark, dass ich Ende der 8oer Jahre an der Gethsemanekirche im Prenzlauer Berg für Demokratie und Freiheit demonstrierte. Doch nach dem Sturz des DDR-Systems erfolgte schnell die erste Ernüchterung. Als mein Betrieb kurz nach der Wende umstrukturiert wurde – ich hatte kurz zuvor meine Tochter zur Welt gebracht –, verlor ich den Job.

Für das Arbeitsamt galt ich mit zwei kleinen Kindern als schwer vermittelbar. Eine Situation, die ich kaum ertrug, weil ich den beiden doch ein gutes Vorbild dafür sein wollte, dass es sich lohnt, auf eigenen Beinen zu stehen und ein berufliches Ziel zu haben. Umso mehr habe ich mich Anfang der 9oer Jahre über eine Arbeitsbeschaffungsmaßnahme zur Betreuung von Alten und Behinderten gefreut. Fortan besuchte ich für einen Verein alte Menschen, die noch zu Hause lebten: Ich las ihnen vor, ging mit ihnen spazieren, erledigte für sie kleine Einkäufe und half ihnen manchmal im Haushalt. Der Verein bot außerdem regelmäßig Ausflüge ins Umland an, was für die alten Menschen, die sonst viel Zeit allein verbrachten, immer ein ganz besonderes Ereignis war, konnten sie doch auf diese Weise einen schönen Tag mit anderen verleben – und das zu bezahlbaren Preisen.

Die Arbeit bereitete mir viel Freude. Zum ersten Mal bekam ich einen intensiven Einblick, wie sich das Leben im Alter gestalten kann – im Positiven wie im Negativen, denn ich musste auch traurige Erfahrungen verkraften. Eine der Damen, die ich betreute, verließ nur äußerst selten ihre Wohnung und saß den ganzen Tag vor dem Fernseher. Nur in ihren vier Wänden fühlte sie sich sicher; ihr Bewegungsradius hatte sich in den Jahren davor immer mehr verkleinert. Besuch bekam sie kaum, einzig ihre Katze war ihr ein treuer Begleiter.

Als die alte Dame wegen Sanierungsmaßnahmen in eine Ausweichwohnung ziehen musste, brach ihre kleine Welt von einem Tag auf den anderen zusammen. An diesem Tag wurden ihre Möbel von den Umzugshelfern einfach irgendwo in die neue Wohnung gestellt. Aufgelöst fand ich sie zwischen ihren Habseligkeiten vor. Die Waschmaschine musste angeschlossen werden, Bett, Schrank und Sessel mussten noch gerückt werden, sodass sie sich überhaupt wieder orientieren konnte. Wie gut, dass das Arbeitsamt Projekte förderte wie den Verein, für den ich arbeitete, denn was hätte die alte Dame ohne uns getan?!

Während der beiden Jahre, in denen ich sie betreute, verschlechterte sich ihr Zustand immer mehr. Schließlich wurde sie zum Pflegefall, weshalb später mehrmals täglich ein ambulanter Dienst kam. In der Wohnung türmten sich die Windelpackungen, sie konnte nicht mehr aufstehen und war von da an ganz auf fremde Hilfe angewiesen. Ich musste mit ansehen, wie ihre Kräfte schwanden, und konnte nichts dagegen tun.

Obwohl es mir manchmal schwerfiel, mit der teils deprimierenden Situation alternder Menschen konfrontiert zu sein, stand für mich nach zwei Jahren ABM fest, dass ich mich zur staatlich anerkannten Altenpflegerin umschulen lassen wollte. Darin fand ich endlich wieder eine berufliche Perspektive, die für mich und meine beiden Kinder den Lebensunterhalt sicherte und darüber hinaus sinnvoll war. Mit meiner Arbeit konnte ich alte Menschen auf ihrem letzten Weg begleiten: Das war für mich eine Form praktizierter Solidarität.

Sehr gerne denke ich an die Zeit der Umschulung Mitte der 90er Jahre zurück, weil ich viel lernte und der Unterricht lebendig und praxisnah gestaltet wurde. An der Pflegefachschule versuchten die Ausbilderinnen, uns so gut wie möglich auf den Beruf vorzubereiten. Die Dozentin für Geriatrie zum Beispiel verfügte über ein umfassendes Fachwissen und appellierte an uns Schüler, verantwortungsbewusst mit den uns anvertrauten Menschen umzugehen. Ihre Grundhaltung gefiel mir sehr: An erster Stelle stehe immer die ärztliche Versorgung und das Wohlbefinden kranker Heimbewohner. Durch diese Dozentin wurde mir erst richtig klar, wie wichtig eine umfassende theoretische Ausbildung für meine praktische Arbeit ist. Wie sonst soll ich eine gute professionelle Pflege leisten, wenn ich nicht weiß, wie bestimmte Alterserkrankungen entstehen, welche Medikamente wie wirken, auf welche Symptome ich zu achten habe und wann ich einen Arzt rufen muss? Ich nahm den Unterricht sehr ernst, weil ich nicht wollte, dass Menschen durch mein Tun oder Unterlassen zu Schaden kämen.

Doch ich lernte nicht nur medizinische Zusammenhänge, sondern bekam auch ein umfassendes Verständnis für meinen Beruf: Die Pflege sollte ganzheitlich sein, also neben den körperlichen Bedürfnissen wie Essen, Trinken und Hygiene auch die sozialen Bedürfnisse nach Geborgenheit und Zuwendung erfüllen.

Unsere Psychologie-Dozentin betonte immer, wie sehr das Verantwortungsbewusstsein ebenso uns selbst gegenüber gelte, denn nur wenn wir gut für uns sorgten, könnten wir auch andere unterstützen. Sie warnte uns besonders vor dem Burn-out-Syndrom, einem Ausgebrannt-Sein, das in der Pflege häufig vorkomme. Schließlich würden viele Pflegekräfte in ihrer Arbeit wie zwischen Mühlsteinen zerrieben: Die Heimleitung verlange eine möglichst kostensparende und effiziente Pflege, die Angehörigen erwarteten, dass ihre Verwandten im Heim ganz besondere Zuwendung erführen, und die Pflegenden selbst hätten ja ebenso bestimmte Vorstellungen, wie sie ihre Arbeit gut machten. Diese Ansprüche könnten einen schnell überfordern und auslaugen.

Lethargie, körperliche und seelische Erschöpfung, das Gefühl von Wertlosigkeit seien die prägenden Symptome des Burn-outs, erläuterte uns die Dozentin. Je engagierter eine Pflegekraft sei, desto weniger achte sie auf ihre Grenzen, bis sie sich immer mehr aus dem gesellschaftlichen Leben zurückziehe und schließlich depressiv werde. Frauen seien stärker betroffen als Männer, weil meist höhere soziale Erwartungen an sie gestellt würden und die Belastung durch Arbeit und Familie härter sei.

Ihre Ausführungen stimmten mich nachdenklich. Wie würde es mir ergehen? Wie würde ich mit den Ansprüchen der Angehörigen, der Kollegen und der Heimleitung umgehen? Ich hatte auch die Doppelbelastung mit meinen beiden Kindern und der Arbeit zu tragen. Wäre auch ich irgendwann völlig lustlos und würde Depressionen bekommen? Das wollte ich auf keinen Fall!

Wie schwierig die verschiedenen Vorstellungen zu vereinbaren waren, bemerkte ich allerdings gleich, als ich im Frühjahr 1997 mein erstes Praktikum in der stationären Altenpflege absolvierte. Mit den Kollegen kam ich zwar gut klar, ich lernte alle Abläufe schnell, und auch die Arbeit gefiel mir im Großen und Ganzen, aber ich beobachtete auch immer wieder Dinge, die mich störten. Das betraf unter anderem den Umgang mit Demenzerkrankten, mit denen ich zum ersten Mal arbeitete. Nicht ihr körperlicher Verfall und ihr geistiges Abbauen irritierten mich, sondern, wie lange sie tagsüber alleine gelassen wurden. Bedingt durch ihre Demenz waren viele Bewohner nicht mehr fähig, Wünsche und Bedürfnisse zum richtigen Zeitpunkt und in der «richtigen Form» zu äußern, zum Beispiel, wenn sie zur Toilette gehen wollten oder Durst hatten. Ich kam schnell zu dem Schluss, dass demente alte Pflegebedürftige zu den am meisten verachteten und einsamsten Menschen in unserer Gesellschaft gehören – dabei benötigen gerade sie Anteilnahme, Zuwendung und Schutz.

Auch mit manchen Pflegeabläufen hatte ich anfangs große Schwierigkeiten: So empfand ich es als einen gravierenden Eingriff, jemandem die Hosen herunterzuziehen, ihm mit dem Waschlappen den Genitalbereich zu waschen und Windeln anzuziehen. Wenn ich bemerkte, dass die Gepflegten unter der Verletzung ihrer Intimsphäre litten und ganz verlegen reagierten – oft schlossen sie peinlich berührt die Augen, wehrten sich oder versuchten sogar, sich die Windel wieder auszuziehen –, fühlte ich mich unwohl.

In vielen Situationen habe ich beobachtet, dass das Personal nicht auf die Bewohner einging, ihre Scham ignorierte oder einfach nicht die Geduld aufbrachte, ihre Bitten zu erfüllen. Wie oft hörte ich, dass die Pflegebedürftigen bei Wünschen auf später vertröstet wurden – ein «Später», das es dann häufig nicht gab. Die Niedergeschlagenheit und Entmutigung, die ich daraufhin in ihren Augen sah, taten mir in der Seele weh. Angesprochen habe ich die Kollegen jedoch selten auf das meiner Meinung nach unangemessene Verhalten: Ich war noch in der Ausbildung, wollte nicht als Besserwisserin abgestempelt werden. Außerdem bekam ich ja auch mit, wie engagiert und gleichzeitig überlastet viele waren. Als ich mich doch einmal bei einer Pflegerin beschwerte, dass der Schrank einer Bewohnerin abgeschlossen war und die Frau nicht an ihre Sachen herankam, stöhnte sie nur: «Lass gut sein, Brigitte, die bringt sonst alles in Unordnung. Ich will hier nicht noch ein Problem, wir haben schon genug davon!»

Auf der anderen Seite machte ich auch viele positive Erfahrungen, zum Beispiel durch die Begegnung mit Frau Hörbiger, um die ich mich während meiner zwei Monate dort besonders gekümmert habe. In der Zusammenarbeit mit ihr konnte ich beobachten, was eine feste Vertrauensbasis, die mit etwas Geduld aufgebaut wird, bewirken kann. Ich lernte die 85-Jährige, die seit einem guten halben Jahr in dem Heim wohnte, an einem meiner ersten Arbeitstage während des Faschingsfestes kennen. Im Gespräch kamen wir uns schnell näher. Ihre anfängliche Unsicherheit legte sich spätestens, nachdem ich ihr beim gemeinsamen Kaffeetrinken statt dem üblichen weißen Sabberlätzchen eine Serviette angeboten hatte, was sie sichtlich dankbar annahm. Mit der Zeit vertraute sie mir einen Großteil ihrer Lebensgeschichte an: dass sie im Krieg ihren Mann verloren hatte, wie sie aus der ausgebombten Wohnung mit ihren zwei kleinen Jungen nach Berlin geflüchtet war und später in den 50er Jahren ihren zweiten Mann kennengelernt hatte, den sie als sehr einfühlsam und liebevoll beschrieb. Mit Tränen in den Augen erzählte sie von gemeinsamen Reisen und stundenlangen Strandspaziergängen an der Ostsee. Seinen Tod, der schon über zwanzig Jahre zurücklag, hatte sie noch immer nicht verwunden.

Als ich nach einem meiner ersten Gespräche mit Frau Hörbiger den Raum verließ, stoppte mich eine Kollegin auf dem Gang und riet mir, mich nicht so von ihr vereinnahmen zu lassen: «Die tut oft bedürftig, kann aber eine ganze Menge selbst machen.» Ich stutzte. Wie kam sie darauf? «Den Eindruck, dass sie mir was vormacht, habe ich nicht!», entgegnete ich. «Brigitte, die ist hinterhältig», warnte meine Kollegin, «echt ein schwieriger Fall!» Ich war perplex; doch ich nahm mir vor, mir meine Meinung über andere Menschen, wie sonst auch, selbst zu bilden.

Frau Hörbiger brauchte viel Geduld und Verständnis, sie konnte nicht mehr alleine aufstehen und benötigte bei vielen Handlungen des Alltags Unterstützung. Aber sie war nun mal alt und gebrechlich, und ich hatte sie bisher immer als sehr kooperativ erlebt, zumal sie versuchte, beim Waschen und Anziehen so viel wie möglich zu helfen.

Erst ein paar Tage später konnte ich mir einen Reim auf den Kommentar der Kollegin machen. Weil Frau Hörbigers Körperwahrnehmung nach einem Schlaganfall gestört war, konnte sie kaum spüren, ob sie ihr Gebiss richtig eingesetzt hatte. Als ich ihr half, die untere Zahnprothese einzusetzen, seufzte sie tief. «Alles in Ordnung?», fragte ich sie. Resigniert erzählte sie, dass nicht alle Pfleger ihr bei solchen Kleinigkeiten halfen, sondern sie ungeduldig aufforderten, sich zu beeilen und sich nicht so anzustellen. Das mache sie nervös und traurig, und sie verhielte sich dadurch noch ungeschickter, was von manchen Pflegern als böse Absicht interpretiert würde.

Da Frau Hörbiger außerdem inkontinent war, kam es vor, dass sie klingelte und letztlich gar nicht musste, oder sie klingelte, während die Mitarbeiter frühstückten. All das sorgte oft für Unmut. Davon eingeschüchtert, versuchte sie den Toilettengang manchmal ohne Hilfe und beschmierte sich dabei, wodurch sie sich noch mehr Ärger einhandelte. Ein Teufelskreis!

Jetzt konnte ich nachvollziehen, warum die Kollegin mir ein solch negatives Bild von Frau Hörbiger vermittelt hatte. Dabei wäre dieses Missverständnis mit ein wenig Ruhe und Einfühlungsvermögen vermeidbar gewesen.

Dass es anders geht, konnte ich bald herausfinden: Die Geduld, die ich der 85-Jährigen in der Pflege entgegenbrachte, dankte sie mir immer mit einem Lächeln. Mit der Zeit ging es ihr sichtlich besser. Als ich in den folgenden Wochen regelmäßig mit ihr auf Toilette ging, konnte sie sogar ihre Ausscheidungen nach kurzem «Training» wieder regulieren. Und immer, wenn ich genug Zeit übrig hatte, machte ich mit ihr einen Spaziergang in der Sonne, was ich mir als Praktikantin ab und zu leisten konnte. Manchmal erzählte sie von ihrem verstorbenen Mann, dessen Grab sie nicht mehr besuchen konnte, weil es ihren Söhnen zu umständlich war, mit ihr hinzufahren.

Für mich war die Begegnung mit Frau Hörbiger eine Chance, die in der Pflegeschule gelehrte «ganzheitliche Pflege» zu praktizieren – ich hatte mein kleines Ziel erreicht, dass diese alte Frau während meiner beiden Monate in dem Heim für ein paar Stunden zufrieden war.

Dass ich Gefühlen von Glück, Freude und Liebe, aber auch von Trauer, Schmerz und Verlust den notwendigen Raum geben konnte, gab dem Miteinander im Heim einen tiefen Sinn. In längeren Gesprächen lernte ich auch viel von der Lebenserfahrung der alten Menschen, vor allem, wenn sie von früheren Zeiten erzählten.

Natürlich konnte ich mir nicht für alle Bewohner so viel Zeit nehmen, wie ich wollte, und manchmal konnte ich nur durch ein Lächeln oder zwei, drei kurze Sätze etwas Aufmerksamkeit schenken. Meine menschliche Zuwendung wollte ich so oft wie möglich geben, denn ich konnte mir nicht vorstellen, immer bloß standardisierte Pflegehandlungen auszuführen. Glücklicherweise gab es einige Kollegen, die diese Ansicht teilten und mich in meiner Haltung bestärkten. Durch ihre jahrelange Erfahrung und die menschliche Kompetenz waren sie Vorbilder für mich.

Nach dem Praktikum ging die Umschulung weiter, und ich nahm mir fest vor, mir meine Empathie und Achtung für die alten Menschen zu erhalten. Würde ich meine an sich bescheidenen Ziele auch als festangestellte Altenpflegerin umsetzen können? In meinem Praktikumsbericht schrieb ich 1997: «Es ist mir wichtig, Geld zu verdienen, aber nicht um jeden Preis. Mein Gewissen werde ich versuchen, nicht zu verkaufen.»

Pflegealltag

Die Fassade des Hauses war grau und machte einen etwas maroden Eindruck. In diesem Seniorenheim sollte ich nun also zum Abschluss meiner dreijährigen Ausbildung ein halbjähriges Praktikum in der Pflege absolvieren. Einladend wirkte das Gebäude zwar nicht gerade auf mich, aber die Umgebung war freundlich gestaltet: Zu dem Anwesen gehörte eine parkähnliche Anlage, in der sich gerade eine Bewohnerin um ein kleines Blumenbeet kümmerte. Das nahe gelegene Einkaufszentrum schien für die Rüstigeren viele Möglichkeiten für einen Bummel zu bieten.

Auf den zweiten Blick wirkte auch das Haus sympathischer. Die Bewohner lebten in der Regel in Einzelzimmern, verfügten über einen Balkon, und auch die sonstigen Räumlichkeiten machten einen gepflegten Eindruck. Das Gebäude war aufgeteilt in einen Wohnbereich für die selbständigeren Senioren sowie einen Pflegebereich für die Bewohner mit großem Hilfsbedarf.

Insgesamt lebten in dem Heim rund 150 Menschen, bis auf wenige Ausnahmen waren sie alle pflegebedürftig. Eine ältere Kollegin, Marita, führte mich über ihre Station und erzählte: «Früher waren die Bewohner hier aktiver, weil viele jüngere Senioren einzogen. Sie hatten keine Lust, einsam zu Hause zu sitzen, sondern wollten Gesellschaft haben, wenn ihre Kinder nicht für sie da sein konnten.» Das fand ich interessant. «Warum ist das heute anders?» Marita zog kurz die Augenbrauen hoch: «Seit der Pflegereform hat sich alles geändert. Jetzt nehmen wir nur noch Neuzugänge auf, die eine Pflegestufe haben, es sei denn, jemand kann den vollen Preis bezahlen.» Offensichtlich bedauerte sie diesen Wandel, weil dadurch der Charakter der Wohnstation verloren gegangen war.

Marita und die anderen neuen Kollegen nahmen mich offen auf. Ich bekam den Eindruck, dass das Team gut zusammenarbeitete, Probleme mit Bewohnern direkt ansprach und versuchte, sie gemeinsam zu lösen. Nach kurzer Zeit war ich integriert, auch in den Dienstplan wurde ich als fast fertig ausgebildete Fachkraft bereits voll eingebunden. Neben der Grundpflege, die alle Bereiche der Körperpflege und die alltäglichen Verrichtungen umfasst, übernahm ich nach ein paar Monaten weiter gehende Aufgaben in der medizinischen Behandlungspflege: Ich gab unter Aufsicht von examiniertem Personal Spritzen, stellte Medikamente zusammen und verabreichte sie, legte Stütz- und Kompressionsverbände an, wechselte die Platten beim künstlichen Darmausgang und vieles mehr.

Auf der Pflegestation lebten rund 30 stark hilfsbedürftige Menschen im Alter von 75 bis 97 Jahren. Eine davon war die 86-jährige Frau Buchholz, verwitwet und ohne Kinder. Nur ihr Neffe besuchte sie von Zeit zu Zeit. Sie litt an Herzschwäche und Blutarmut, und manchmal sah sie Menschen und Dinge, die gar nicht da waren. Schon vor Jahren hatte sie einen Herzinfarkt sowie einen Schlaganfall gehabt, die sie an den Rollstuhl fesselten. Jeden Tag wurde Frau Buchholz angezogen und für ein paar Stunden an den Tisch gesetzt, oder wir brachten sie in den Gemeinschaftsbereich. Das klappte sehr gut, bis sie von einem Krankenhausaufenthalt zurückkehrte. In der Klinik hatte sie vom langen Liegen ein Druckgeschwür am Steißbein sowie an der Ferse bekommen, und trotz aller Bemühungen des Teams, sie zum Aufstehen zu motivieren, blieb sie im Bett liegen. Bei einer Körpergröße von 1,80 Metern und einem Gewicht von 85 Kilogramm fehlten ihr die Kraft und später offenbar auch der Wille, sich aufzurichten.

Oft habe ich versucht, Frau Buchholz dazu zu animieren, sich selbst zu bewegen, indem sie sich, so gut es ging, mit dem Waschlappen abrieb oder sich bei der Morgentoilette ein wenig mitdrehte. Ich versuchte ihr klarzumachen, dass sie damit wieder ein Stück Selbständigkeit zurückerlangen könne – meist vergeblich. Sie setzte voraus, dass ich sie von Kopf bis Fuß versorgte. Dabei konnte sie ihre Arme frei bewegen und kam mit der Hand gut an Schulter und Nacken. Nur mit beständigem Zureden schaffte ich es manchmal, dass sie ihren Oberkörper wusch.

Neben allen persönlichen Einschränkungen, die sich durch das permanente Liegen für sie ergaben, verschlechterte sich auch ihr körperlicher Zustand. Schon oft hatte ich gesehen, wie gefährlich Immobilität für die Betroffenen sein kann. Sie ist der größte Risikofaktor für die Entstehung der äußerst schmerzhaften Druckgeschwüre, die in der Fachsprache Dekubiti genannt werden. Wird eine solche Wunde nicht früh und konsequent behandelt, vergrößert sie sich schnell, eitert, und das Fleisch stirbt ab.

Das Pflegeteam versuchte, die gefährlichen Wunden von Frau Buchholz möglichst schnell wieder in den Griff zu bekommen – unter erschwerten Bedingungen, denn wir hatten die 30 Bewohner zu dritt zu versorgen: Wir stellten die Medikamente zusammen, verrichteten Küchenarbeit und einiges mehr. Da ich den Umgang mit Dekubiti zum Schwerpunktthema meines Abschlusspraktikums gewählt hatte, konzentrierte ich mich sogleich auf die Wundbehandlung. Anhand eines «Lagerungsplans» sorgte das Team dafür, dass Frau Buchholz regelmäßig in eine andere Position gedreht wurde. Und tatsächlich, der Dekubitus am Steißbein heilte langsam und verkleinerte sich merklich.

Würde jener kleine Erfolg bei Frau Buchholz dauerhaft sein? In jeder Schicht musste ich um die nötige Zeit für die Wundpflege kämpfen, ständig drängten andere Aufgaben, mir blieb kaum Zeit zum Luftholen. In diesem Heim war ich nicht mehr die Praktikantin, die auch mal einen Spaziergang mit einer Bewohnerin machen durfte, sondern ich bekam eine Ahnung davon, was Fließbandpflege bedeutet: Um die Ernährung und die Körperpflege für alle Bewohner trotz der Zeitnot sicherzustellen, musste alles zack, zack gehen, Störungen waren unerwünscht. Bedürfnisse und Wünsche der Bewohner, die über die Grundversorgung hinausgingen, konnten meist nicht berücksichtigt werden.

Manchmal gelang es kaum noch, alle gründlich zu waschen. Damit jedoch keine Beschwerden kamen, vor allem von Angehörigen, gaben mir die Kollegen Tipps, wie jemand schnell sauber und gepflegt wirkt: Zur Morgentoilette werden vor allem Augen, Ohren, Fingernägel, Bauchnabel, Hautfalten und die Partien zwischen den Zehen gereinigt, der Rest des Körpers wird kurz feucht abgewischt – fertig!

Nach dem ersten Dienst dieser Art war ich entsetzt, in mir spürte ich einen starken Widerstand. So konnte man doch nicht mit Menschen umgehen! Nein, dass der Zeitdruck derartige Folgen hatte, wollte ich nicht hinnehmen. Es lag in meiner Macht, davon war ich überzeugt, etwas an diesen Zuständen zu ändern, und zwar Schritt für Schritt, wenn ich einfach bei mir selbst anfangen würde.

Also versuchte ich mein Bestes. Manche Abläufe ließen sich zeitsparender gestalten, indem ich doppelte Wege vermied und immer alles mitnahm, was von Nutzen sein könnte. So gewann ich ein paar Minuten, die ich ab und zu für ein persönliches Gespräch verwenden konnte. Doch bald bemerkte ich, wie schwierig es war, meinem Anspruch gerecht zu werden. Wenn die Zeit drängte, wurde auch ich ungeduldig; wurde der Stress zu groß, erledigte ich die Pflege sogar ohne Einbeziehung der alten Menschen. Dieser Druck belastete mich sehr, und ich bekam ein schlechtes Gewissen gegenüber den Senioren. Außerdem hatte ich das Gefühl, das zuvor Gelernte in der Praxis gar nicht umsetzen zu können. Wie denn auch, wenn ich gleichzeitig für zehn der dreißig Bewohner zuständig war? Da blieb keine Zeit für eine umfängliche Betreuung.

Schließlich traute ich mich, das Thema einmal bei einer Teamsitzung mit meinen Kollegen anzusprechen. Zu meiner Überraschung stellte ich fest, dass es vielen genauso ging. Das änderte zwar nichts an der aktuellen Lage, aber es tat gut zu hören, dass ich mit meinem Empfinden nicht alleine war.

Doch selbst die auffällige Kluft zwischen Wunsch und Wirklichkeit änderte letztlich nichts daran, dass ich Altenpflegerin werden wollte. Wenn ich abends meine Kinder zu Hause schlafen sah, wurde mir schmerzlich bewusst, dass ich mit meiner Arbeit für sie sorgen musste. Zum anderen war die Arbeit für mich Beruf und Berufung zugleich: Ich wollte etwas bewegen, und sei es auch nur im Kleinen. Die erfahrenen Kollegen rieten mir zwar, die Realität und den ständigen Zeitdruck in der Altenpflege zu akzeptieren, sonst könne ich in dem Beruf nicht bestehen. Aber gutheißen, das nahm ich mir vor, musste ich diese Auffassung deshalb noch lange nicht.

Von Haus zu Haus

Nachdem ich meinen erfolgreichen Abschluss als examinierte Altenpflegerin in der Tasche hatte, bekam ich bald eine Stelle in einem neuen, noch im Aufbau befindlichen ambulanten Pflegeteam. Die Arbeitsbedingungen waren alles andere als günstig. Meine Dienstzeiten wurden flexibel eingeteilt, es gab keine tägliche Mindestdauer, manchmal jedoch ein Pensum von bis zu zehn Stunden am Tag. So kam es gerade in der Anfangszeit vor, dass ich für eine einzige Stunde den Dienst antrat. Wie sollte ich die restliche Wochenarbeitszeit später ableisten? Und einen derart unregelmäßigen Tagesablauf mit der Versorgung meiner beiden schulpflichtigen Kinder in Einklang bringen? Hinzu kam, dass die Kollegen für die gleiche Arbeit unterschiedlich bezahlt wurden: die einen, mit älteren Verträgen, nach dem Flächentarif, die anderen nach einem neuen, wesentlich niedrigeren Haustarif. Dies führte natürlich auch bei mir, da ich zu Letzteren gehörte, zu großem Unmut. Als ich mich nach den gesetzlichen Regelungen erkundigte, erfuhr ich, dass es eine Mindestarbeitszeit von drei Stunden am Tag gibt – und informierte den Betriebsrat, der meine Rechte durchsetzte.

Trotz der ungerechten Bezahlung bereitete mir die Arbeit mit den alten Menschen Freude. Wären nur meine Tätigkeiten nicht so reglementiert gewesen! Von meinen Vorgesetzten wurde ich angehalten, die Senioren nur so weit zu unterstützen und zu begleiten, wie sie entsprechende Leistungen vereinbart und bezahlt hatten. Das führte in der Praxis zu absurden Situationen. Ich besuchte zum Beispiel eine Frau, die aus finanziellen Gründen mit dem Pflegedienst nur einen Vertrag über die nötigsten Hilfen abgeschlossen hatte. Mein Auftrag beschränkte sich darauf, ihr das Abendbrot zu bereiten und sie zum Essen zu animieren. Doch als ich eines Abends in die Wohnung kam, saß sie mit nasser Hose, hilflos und verlegen zur Seite blickend, auf ihrer Couch. Sollte ich da etwa sagen: «Ich bringe Sie nicht ins Bad, das ist nicht Bestandteil der vertraglichen Leistungen?» Also wusch ich sie und half ihr beim Anziehen. Sie war für mich kein «Pflegekunde», sondern eine Frau, die Hilfe brauchte. Und ob der Pflegedienst das bezahlt bekam oder nicht, war mir in diesem Moment egal. Es erschien mir perfide und lebensfremd, dass die Pflege am Menschen nach Minuten getaktet wird, anstatt auf seine tatsächlichen Bedürfnisse einzugehen.

Meine Auffassung brachte mir heftige Diskussionen mit der Pflegedienstleitung ein, denn natürlich brauchte ich durch solche Aktionen bei den jeweiligen Senioren länger, als der Plan es erlaubte. Für jeden Handschlag musste ich mich rechtfertigen.

In vielen Situationen wurde für mich deutlich, dass die häusliche Pflege, wie sie von der Pflegeversicherung ermöglicht wird, völlig unzureichend ist, insbesondere für Demenzerkrankte. Diese müssen fast die ganze

Zeit allein verbringen, nur ein- oder zweimal am Tag bekommen sie einen kurzen Pflegebesuch. Ansonsten sind sie von früh bis spät auf sich gestellt; keiner ist da, der mit ihnen spazieren geht, sich mit ihnen unterhält, ihnen etwas vorliest – weil es nicht finanziert wird. Wenn sie dennoch aus dem Haus gehen und aufgrund ihrer Krankheit nicht mehr zurückfinden, dauert es Stunden, bis jemand sie vermisst.

Die andauernden Auseinandersetzungen mit der Pflegedienstleitung in Verbindung mit dem schlechten Verdienst und den unregelmäßigen Arbeitszeiten, die auch soziale Kontakte immer schwieriger machten, kosteten mich viel Kraft. Wenn ich abends müde nach Hause kam, blickten mich meine Kinder vorwurfsvoll an, weil ich so wenig Zeit für sie hatte. Wie sollte ich ihnen verständlich machen, dass ich trotz der vielen Arbeit nicht genügend Geld verdiente, um ihnen die Schulausflüge oder die Fahrten mit dem Sportverein zu finanzieren? Nach einem anstrengenden Tag wollte ich alles – aber keine zermürbenden Diskussionen darüber führen, was die anderen Kinder alles durften oder besaßen. Mein Einkommen reichte gerade einmal für die Dinge des alltäglichen Lebens. Wenn mein Sohn oder meine Tochter mit Schulkameraden zu tun hatten, deren Eltern gut betucht waren und die immer neueste Markenklamotten trugen, wurden sie gemieden.

Auch die Schule gab meinen Kindern nicht den Grundstock, den sie für ein selbstbestimmtes und selbstbewusstes Leben brauchten; denn dort wurde nur Leistung gefordert, ohne auf persönliche Talente und Fähigkeiten einzugehen. Für die individuelle Ent-

40

wicklung der Kinder sollten wir Eltern nach Feierabend sorgen, mit Nachhilfe und Förderungen, die alles andere als billig sind.

Damals habe ich oft gedacht, dass die Kinder in ein Schulsystem gepresst werden, in dem sie funktionieren müssen und sich nicht entfalten können, während die Alten von einem Pflegesystem abhängig sind, in dem nicht ihre Lebenserfahrung, sondern nur ihr Geld zählt.

Irgendwann hatte ich das Gefühl, niemandem mehr gerecht zu werden: nicht den Senioren, die ich betreute, nicht meinem Arbeitgeber, der mich ständig mahnte, weil ich Leistungen erbracht hatte, für die der Pflegedienst kein Geld bekam, nicht meinen Kindern — aber am allerwenigsten mir selbst. Ich fühlte mich wie in einem Hamsterrad, das sich immer schneller drehte. Nachts konnte ich nicht mehr einschlafen und lag mit rasendem Herzen wach. Versagensängste plagten mich. War ich eine schlechte Altenpflegerin, weil ich mich nicht genügend um die mir anvertrauten Senioren kümmern konnte? Eine Rabenmutter, die ihre Kinder nicht entsprechend ihren Fähigkeiten und Möglichkeiten förderte, weil mir Zeit und Geld fehlten?

Nach einem Jahr stand meine Entscheidung fest. Ich musste mir eine neue, besser bezahlte Stelle mit planbaren Arbeitszeiten in der stationären Pflege suchen. Und ich hatte Glück! Ein großer Klinikkonzern suchte eine neue Pflegefachkraft für ein Berliner Seniorenheim. Kurz entschlossen bewarb ich mich, bekam die Stelle und kündigte meine alte. Aufgrund der zukünftigen Bezahlung nach dem Bundesangestelltentarif (West!)

würde ich 800 Mark mehr auf der Hand haben. So war ich voller Zuversicht, wieder besser leben zu können und nicht mehr von Armut bedroht zu sein.

PFLEGE AM FLIESSBAND

Ich saß im Büro der Pflegedienstleiterin, Frau Schmidt. Sie erzählte mir, dass kürzlich der Medizinische Dienst der Krankenversicherung, kurz MDK, das Heim kontrolliert und bemängelt habe, dass nicht genug Stammpersonal vorhanden sei und die Fachkräftequote nicht erfüllt werde. «Die Pflegedokumentation entsprach nicht den Vorgaben und muss dringend auf den aktuellen Stand gebracht werden», erläuterte Frau Schmidt und blickte mich vielsagend an. «Was erwarten Sie dabei von mir?», fragte ich sie direkt. «Ich möchte, dass Sie mithelfen, die Dokumentation wieder in Schwung zu bringen, sodass wir keinen Ärger mehr damit haben.» Darin sah ich kein Problem.

Nun war mir klar, warum in dem Heim neues Fachpersonal eingestellt wurde: Wenn der MDK, der für die Kranken- und Pflegeversicherung beratend und begutachtend tätig ist, bei seinen Kontrollen zu viele Mängel feststellt, kann das negative finanzielle Folgen für das Heim haben. Eine gutgeführte Dokumentation hingegen, mit der für jeden Bewohner genau festgehalten wird, welche Pflege er benötigt und welche Leistungen bei ihm erbracht werden, dient als Indiz, dass sorgfältig gearbeitet wird. Da in den Unterlagen auch die Krankengeschichte, ärztliche Verordnungen und akute Probleme wie zum Beispiel Dekubiti festgehalten werden, sind die «Dokus» zudem für die behandelnden Ärzte unverzichtbar.

Meine neue Arbeitsstätte, an der ich im Herbst 2000

meinen Dienst aufnahm, war von einem schönen Park umgeben. Dort, in der «Residenz Lebowski-Ring», gab es ausschließlich Ein- und Zweibettzimmer.

Als ich zum ersten Mal durch das Gebäude ging, verlor ich mich fast in den mehr als zweihundert Meter langen Fluren, die immer wieder von Foyers und Nischen unterbrochen und auf jeder Etage in zwei Wohnbereiche aufgeteilt waren.

Ich sollte auf der Station 1B arbeiten, auf der mehr als zwanzig Senioren in zum Teil sehr geräumigen Zimmern lebten. Niemand blieb hier 24 Stunden im Bett liegen, das hatte mir an meinem Probetag schon sehr gefallen.

Die Wohnbereichsleiterin Frau Volkert, eine kleine zähe Frau, hatte die Station fest im Griff. Sie arbeitete seit vielen Jahren hier und kannte alle Bewohner seit ihrem Einzug. Frau Volkert stand, das merkte ich schnell, fest auf der Seite der Kollegen und der Bewohner – mit ihr kam ich auf Anhieb gut klar, denn die Chemie stimmte. Sie wirkte allerdings etwas abgekämpft, und als ich sie später einmal darauf ansprach, erzählte sie: «Ich habe mich in den Jahren sehr aufgerieben. Die Auseinandersetzungen mit der Leitung sind oft anstrengend.» Offenbar hatten sie die Debatten wegen der immer schlechter werdenden Arbeitsbedingungen gezeichnet.

In der Hierarchie eines Heimes steht die Wohnbereichsleitung zwischen der Pflegedienstleitung, welche für die organisatorischen Abläufe im gesamten Haus verantwortlich ist, und den ausgebildeten Fachkräften auf der Station, die ihrerseits gegenüber dem nicht examinierten Personal weisungsberechtigt sind. Weil

44

Frau Volkert zum großen Teil in der Pflege mitarbeitete, wusste sie stets, wie es den Kollegen erging und welche hohen Anforderungen an sie gestellt wurden.

Das Team in meinem Wohnbereich bestand aus einem festen Personalstamm, der durch befristet angeforderte Leasingkräfte und studentische Aushilfen verstärkt wurde. Die Stimmung unter den Mitarbeitern empfand ich als offen, und ich wurde nett aufgenommen. Dennoch versuchte ich mich innerlich zu wappnen: Zu stark war ich noch von der Hamsterraderfahrung an der vorherigen Arbeitsstelle geprägt, und die Angst vor einem Arbeitsplatzverlust sowie der damit einhergehenden Armut saß tief. Ich hatte mir für die neue Stelle vorgenommen, einfach meine Arbeit zu erledigen und mich ansonsten um nichts weiter zu kümmern. Etwas anderes wurde von mir auch nicht erwartet. Um meine Ruhe zu haben und die Probezeit ohne größere Konflikte durchzustehen, wollte ich mich den Umständen fügen.

Nach wenigen Tagen war ich eingearbeitet und hatte mir einen Überblick verschafft, wen ich wann in wie vielen Minuten versorgen musste, um die Arbeit zu schaffen. Wie in der stationären Altenpflege üblich, wurde ich in drei Schichten eingesetzt, im Früh-, Spät- und Nachtdienst.

Frühschicht

In einer meiner ersten Frühschichten arbeitete ich mit nur einer Pflegehelferin zusammen, das sollte auch später die Regel sein – fast immer war ich also die einzige Fachkraft auf der Station. In aller Frühe ging es nach einer schnellen Besprechung los, wir teilten uns auf, ich fing am Flurende an, meine Kollegin am Fluranfang. Vor mir her schob ich den Pflegewagen, auf dem vom Einmalhandschuh bis zur Windel alles griffbereit lag. Schon sah ich die ersten Lampen an den Zimmern leuchten, und der Pieper in meiner Kitteltasche schlug Alarm. Schnell lief ich in die jeweiligen Räume, stellte die Klingel ab und bat die Bewohner, sich etwas zu gedulden. Natürlich wollte jeder sofort drankommen, aber ich musste mich nacheinander durch alle Zimmer arbeiten und wollte keinen bevorzugen.

Als Erstes ging ich zu Frau Möller, machte auch dort nach einer kurzen Begrüßung die Klingel aus und schob ihr den Rollstuhl ans Bett. Frau Möller war eine kleine, etwas rundliche Frau Ende siebzig, die nur sich selbst sah und nicht viel Einfühlungsvermögen besaß. Gegenüber dem Pflegepersonal verhielt sie sich sehr fordernd, und auch ich wurde von ihr wie ein Dienstmädchen behandelt. Herablassend sah sie mich an, und im Befehlston ging es los: «Holen Sie den Rollstuhl. Ich möchte ins Bad!» Nun gut, ich half ihr beim Aufstehen, indem ich ihre Beine aus dem Bett hob. Das konnte sie eigentlich alleine, aber sie bestand darauf, dass ich sie rundum bediente. In den Frühdiensten davor hatte ich ihr bereits erklärt, dass sie alles, was sie noch schaffen könne, auch selbständig tun solle. Da konnte ich mir eine Tirade anhören: «Warum bin ich denn hier und bezahle so viel Geld? Sie sind doch da, um mir zu helfen.» Seitdem diskutierte ich nicht mehr mit ihr. Stattdessen schob ich sie mit ihrem Rollstuhl ins Bad und hob sie auf die Toilette. Während sie dort saß, bereitete ich das Waschwasser vor und stellte alles für die Zahnpflege bereit, dann setzte ich sie zurück in den Stuhl und brachte sie ans Waschbecken. Bei jedem Umsetzen musste ich mich bücken, um die Fußstützen des Rollstuhls hoch- und runterzuklappen – im Verlauf der Morgentoilette war das bis zu zehnmal der Fall –, was mit der Zeit merklich auf den Rücken ging und viel Zeit kostete, die mir bei anderen Bewohnern fehlte.

Sobald Frau Möller am Waschbecken mit der Mundpflege begann, flitzte ich zu Frau Kiesling. Sie lag in ihrem Bett und wimmerte, bestimmt litt sie wieder unter starken Schmerzen. Ihre Wirbelsäule war so stark verkrümmt, dass sie kaum noch stehen, geschweige denn laufen konnte. Bei ihr benutzte ich einen Toilettenstuhl, um sie ins Bad zu bringen. Sie hätte zumindest noch Gesicht und Hände selbst reinigen können, aber das dauerte viel zu lange, deshalb übernahm ich das Waschen. Mit ein paar Handgriffen waren Oberkörper und Intimbereich fertig. Dann zog ich sie hoch und legte ihr im Stehen die Windel an, wobei ich aufpassen musste, dass sie nicht stürzte. Dann wären mir Vorwürfe gemacht worden, obwohl ich nicht freiwillig so riskant arbeitete – aber es sparte eben Zeit, und da meine Kollegin am anderen Ende des Flurs den gleichen Stress wie ich erlebte, konnte sie mir auch nicht helfen. Wieder im Zimmer, zog ich Frau Kiesling an, dabei klagte sie ständig: «Aua! Aua!» Ihre Schmerzen mussten wirklich unerträglich sein, ich musste unbedingt daran denken, den Hausarzt anzurufen. Wann hatte der überhaupt Sprechstunde?

Ich schob Frau Kiesling aus dem Zimmer in den Aufenthaltsraum, der mit Stühlen und Tischen schlicht und einfach eingerichtet war. Vor sie auf den Tisch stellte ich ein Glas Wasser, doch sie reagierte nicht, sondern schaute teilnahmslos ins Leere. Mit einem kleinen Gespräch hätte ich sie aufheitern können, doch ich musste sofort weiter: Frau Möller klingelte schon seit einer ganzen Weile, und als ich das Bad betrat, begann sie zu schimpfen: «Wo bleiben Sie denn? Ich warte schon so lange auf Sie!» Ich erklärte ihr, dass ich mich auch um die anderen kümmern müsse, für sehr viele Bewohner zuständig sei und nicht hexen könne, aber sie schaute mich nur streng an und sagte: «Das ist nicht mein Problem!» Sie wünsche sofort dies und jenes. Zügig erledigte ich alles und atmete auf, als ich ihr Zimmer verlassen konnte, denn ich fand es erniedrigend, wie sie mich herumscheuchte. Ich konnte schließlich auch nicht mehr als arbeiten!

Mit eiligen Schritten lief ich zu Frau Plesser, sie lag im Bett und hatte sich beide Arme aufgekratzt, zum wiederholten Mal. Eine verbale Kommunikation war nicht möglich, denn sie gab nur noch merkwürdige Laute von sich, wie ein Tier, sodass ich bloß erahnen konnte, wie sie sich fühlte. Ich wusch sie im Bett, weil sie weder stehen noch laufen konnte. Ihre Knie sowie der Rücken waren stark gekrümmt und versteift, was viel Kraft und Geschick beim Waschen und Anziehen erforderte. Wenn sie auf dem Rücken lag und ich nicht aufpasste, rollte sie sofort wieder zur Seite, weshalb ich ihre Beine die ganze Zeit festhalten musste. Frau Plesser blickte mich mit großen Augen an, und ich erzählte ihr, dass es draußen regnete und ungemütlich war und dass in ein paar Wochen Weihnachten sei.

Nur mit großer Mühe konnte ich sie in den Rollstuhl setzen. Sie wog bestimmt 70 Kilogramm, wobei die Muskeln so erschlafft und die Gelenke so versteift waren, dass ich ihre volle Last trug. Als sie saß, streichelte ich ihr über das Haar. Da neigte sie plötzlich ihren Kopf leicht an mich. Das berührte mich tief und machte mich zugleich traurig. Doch in der nächsten Minute schob ich sie schon in den Aufenthaltsraum, wo sie bis zum Mittag ohne Beachtung sitzen blieb – und ohne jede Berührung, die sie so sehr brauchte.

Nun schnell zum Dienstzimmer, die Medikamente holen! Eine Apotheke stellte die Medizin einmal wöchentlich für alle Bewohner zusammen und lieferte sie ins Haus. Die Dispenser, kleine unterteilte Plastikschälchen mit durchsichtigem Schiebedeckel, waren jeweils für sieben Tage befüllt. Auf den Etagen 2 und 3 hingegen mussten die Pflegekräfte immer selbst die Medikamente für den Folgetag zusammenstellen.

Im Team haben wir uns oft gefragt, wer bei einem Schaden zur Rechenschaft gezogen wird, falls einmal ein Medikament aus Versehen falsch eingelegt wäre. Die Pflegedienstleitung meinte, dass wir Art und Anzahl der Tabletten im Dispenser vor der Einnahme prüfen müssten, aber das war in der Praxis überhaupt nicht machbar. Wenn ich bei allen 45 Bewohnern sämtliche Pillen kontrollieren würde, wäre ich mindestens zwei Stunden damit beschäftigt. Die hatte keiner von uns übrig. Zurück blieben ein ungutes Gefühl und der Wunsch, dass hoffentlich alles gutgehen werde!

So eilte ich von Zimmer zu Zimmer und verteilte die Medizin. Wer welche Tropfen bekommt, war extra auf einem Tropfenplan verzeichnet. Eigentlich war das verboten, wir sollten direkt mit der Pflegedokumentation arbeiten, doch auch dafür blieb keine Zeit – wie wir damit umgehen, wurde uns überlassen.

Das Frühstück verteilte eine Küchenkraft, dadurch konnte meine Kollegin weiter waschen, während ich mich um die Medikamentengaben kümmerte. Inzwischen war es fast neun Uhr, und noch immer waren viele Bewohner zu versorgen. Frau Trauthan frühstückte im Bett, mit hochgestelltem Kopfteil. Als sie mich kommen sah, fing sie laut an zu schreien und weinte. Ihre Bettdecke war mit Marmeladenklecksen übersät und ihre Hände verklebt, aber sie musste sich leider noch gedulden, bis sie mit dem Waschen dran war. Schnell schob ich ihr die Tabletten in den Mund und versprach ihr, gleich für sie da zu sein. Mit glasigem Blick sah sie tieftraurig zu mir herauf und wimmerte leise. Das bereitete mir Sorgen, denn ihr Zustand hatte sich innerhalb weniger Tage so sehr verschlechtert, dass ich bei ihr eine akute Depression vermutete. Der Hausarzt hatte schon eine Überweisung an den Neurologen geschrieben, doch dieser war seit Wochen nicht mehr zu sehen gewesen. Uns blieb nur, zu warten, bis er irgendwann zum Hausbesuch kam. So lange musste Frau Trauthan leiden, weil sie nicht die Behandlung erhielt, auf die sie ein Anrecht besaß.

Ihre Zimmergenossin war indes schon aufgestanden und frühstückte, bei ihr musste ich nur Rücken und Füße waschen und ihr beim Anziehen der Strümpfe helfen. Die Angehörigen hatten ihr geraten, ihre Wohnung aufzugeben und in ein Heim zu ziehen, nachdem sie mehrmals von der Feuerwehr ins Krankenhaus gebracht worden war. Jedes Mal war sie verwirrt gewesen und hatte sehr hohe Blutdruckwerte. Neben der in Depression versinkenden Frau Trauthan fühlte sie sich augenscheinlich nicht wohl und wollte gerne in ein Einzelzimmer umziehen, aber es war keins frei. Auch ihren Bedürfnissen konnten wir nicht gerecht werden.

Bis zum Mittag waren noch mehrere Bewohner zu versorgen, und nur mit hohem Einsatz schafften wir es, alle zu waschen und anzuziehen. Als am späten Vormittag zusätzlich zwei ABM-Kräfte kamen, die den Bewohnern eigentlich nur Gesellschaft leisten sollten, spannten wir sie dankbar auch für andere Arbeiten ein. Weil wir vom Stammpersonal keine Zeit hatten, alle Hilfsbedürftigen beim Essen zu unterstützen und ihnen regelmäßig zu trinken zu geben, übernahmen das zum Teil die ungelernten ABMler.

Nach dem Essen wurden die meisten Bewohner zum Mittagsschlaf hingelegt und erhielten eine frische Windel. Wo ich noch die Kraft hatte und wusste, dass es schnell ging, begleitete ich die Bewohner zur Toilette. Eigentlich müsste ein solches Toilettentraining mit allen kontinuierlich durchgeführt werden, aber dafür hatten wir zu wenig Personal.

Als alle fertig waren, konnte ich mich endlich hinsetzen und anfangen, die Pflegedokumentation zu schreiben. Die Leistungen, die wir per Namenskürzel bestätigen mussten, waren vorab angekreuzt, sodass ich alles, ohne es zu prüfen, nacheinander abzeichnen konnte.

Welche Leistungen ich allerdings tatsächlich erbracht hatte und welche nicht, war für mich angesichts des Stresses und der Vielzahl der Bewohner nur schwer nachzuvollziehen.

Nach dem Ausfüllen der Akten wollte ich nur noch nach Hause – möglichst schnell und ohne Umwege.

In meiner Wohnung angekommen, spürte ich auf einmal, wie schwer meine Beine waren, und ließ mich wie ein Sack in den Sessel fallen. Durch meinen Kopf geisterten Eindrücke von der Schicht: der strenge, verbitterte Blick von Frau Möller, die glasigen, tieftraurigen Augen von Frau Trauthan, der gekrümmte und schutzsuchende Rücken von Frau Plesser ... Die Frage, ob ich auch alles richtig gemacht hatte, ließ mich nicht los. Dabei hatte ich mir doch vorgenommen, meine Arbeit einfach zu erledigen, ohne weiter darüber nachzudenken.

Ja, das war mein Vorsatz gewesen, sobald ich aber eine Stunde Leerlauf hatte und nichts Dringendes zu erledigen, spürte ich meine innere Anspannung: Es belastete mich, dass ich jeden nach dem gleichen Schema behandeln musste und weder für die Gefühle noch für die Seele der alten Menschen Aufmerksamkeit blieb. Sie sollten sich dem Minutendiktat fügen und wurden «abgearbeitet». Weil nur wenige Pflegekräfte die Bewohner zur eigenen Aktivität motivierten, wurden sie immer träger und abhängiger, auch persönliche Wünsche, die nicht ins Standardkonzept passten, wie individuelle Badetage, Essenszeiten oder Tagesrhythmen, blieben außen vor. Die Chance, eine «ganzheitliche Pflege» zu leisten, rückte in weite Ferne. Umso größer war die

Kraft, die ich für den Versuch aufbringen musste, dennoch einen menschenwürdigen Umgang mit den Pflegebedürftigen zu gewährleisten.

Als ich so in Gedanken versunken dasaß, hörte ich den Schlüssel im Schloss der Eingangstür. Meine elfjährige Tochter platzte ins Wohnzimmer. «Mutti, kannst du mich am Samstag zum Handball fahren? Wir haben ein sauwichtiges Spiel!» Sie hatte nicht einmal ihre Schultasche abgestellt. «Komm doch erst mal an und sag hallo!», stöhnte ich, «siehst du nicht, dass ich ganz geschafft bin? Es war echt anstrengend bei der Arbeit!» Missmutig verzog sie ihr Gesicht. «Ja, hallo, Mutti, und was ist mit Samstag?» Ich holte tief Luft. «Am Wochenende muss ich arbeiten, tut mir leid.» Jetzt schlug ihre Euphorie endgültig um. «Deine Arbeit hier, deine Arbeit da, nie hast du Zeit für mich, und wenn du mal da bist, hängst du im Sessel rum!», nörgelte sie. «Mit der Arbeit verdiene ich doch Geld für uns ...», setzte ich an, doch meine Tochter hatte sich schon umgedreht und verschwand beleidigt in ihrem Zimmer.

Erst beim Abendessen konnten wir wieder vernünftig miteinander reden, und sie entschuldigte sich für ihr Verhalten. Meine Kinder freuten sich beide darüber, dass sie jetzt bei allen Ausflügen mitfahren konnten und nicht mehr so oft aus finanziellen Gründen außen vor blieben. Aber all das konnte nicht wettmachen, dass ihnen die gemeinsamen Stunden und Unternehmungen im Alltag sehr fehlten. Manchmal war ich froh, wenn ich es überhaupt zu den Elternabenden an die Schule schaffte.

Spätschicht

Am meisten störte es meine Kinder, wenn ich Spätdienst hatte, dann arbeitete ich nachmittags und abends, sodass sie mich meist nur morgens zum Frühstück sahen. Für mich war diese Schicht hingegen ganz praktisch, denn ich musste weder in aller Frühe aufstehen, noch über Nacht wach bleiben.

Am Nachmittag mussten wir nicht so viel Zeit für die Grundpflege aufbringen, doch zum «Ausgleich» dafür war auch die Besetzung nur halb so groß: Zusammen mit einer studentischen Aushilfe musste ich die gesamte Etage versorgen, sie übernahm Station 1A, ich 1B. Die Verantwortung für die medizinische Versorgung lag ganz bei mir.

Wir machten uns gegen 14 Uhr an die Arbeit. Der Frühdienst hatte einigen schon nach dem Mittagessen das Nachthemd angezogen und sie ins Bett gesteckt. Zuerst sah ich nach, ob alle Bewohner gut versorgt waren, dann ging ich um 15 Uhr mit dem Kaffeewagen los und verteilte den Nachmittagsimbiss.

Doch weit kam ich nicht. Schon bald musste ich die Essensverteilung unterbrechen, weil ein Bewohner dringend meine Hilfe benötigte. Herr Singer, ehemals leitender Mitarbeiter eines großen Unternehmens, stand mit nassen Hosen in seinem Zimmer. Solche Zwischenfälle passierten bei ihm sehr oft. Auf dem ganzen Fußboden war Urin verteilt, und das Bad stank, weil er überall Kot hingeschmiert hatte. Nun versuchte Herr Singer auch noch, mich mit den kotbeschmierten Händen am Arm zu fassen! Ich eilte schnell hinaus und besorgte mir Handschuhe, dann wusch ich ihn ohne viel Tamtam und säuberte sein Zimmer.

Der Kaffeewagen stand derweil vor der Tür, und die anderen warteten auf den Kuchen. Sie sollten es noch länger tun müssen, denn kaum hatte ich bei Herrn Singer alles gereinigt, klingelte Frau Beeskow. Also lief ich zu ihr und fragte, was sie wolle. Auf die Toilette! Na wunderbar, wenn das so weiterginge, könnte ich auf dem Rückweg gleich das Abendbrot verteilen.

Frau Beeskow erlebte ich als eine Frau, die mit nichts zufrieden war. Sie erhielt kaum Besuch und lag mit ihren Kindern im Streit. Die Unzufriedenheit darüber ließ sie an uns aus, ansonsten saß sie den ganzen Tag im Zimmer, hatte keine Interessen, keine Hobbys, las keine Zeitung, nur abends schaute sie etwas fern.

Ich brachte sie zur Toilette, warten konnte ich aber nicht. «Klingeln Sie bitte, wenn Sie fertig sind», sagte ich zu ihr und verteilte weiter den Nachmittagskaffee; die anderen wunderten sich schon, warum es mit dem Kuchen so lange dauerte. Am Schluss ging ich zu Frau Beeskow zurück, die fertig war und jammerte: «Sie lassen mich so lange hier sitzen!» – sie wollte gar nicht mehr damit aufhören. Ich war genervt und verdrehte die Augen. Schlurfend, an meinem Arm hängend, ging sie mit mir in ihr Zimmer; ich setzte sie an den Tisch und konnte mir die Bemerkung «Nun klingeln Sie aber bitte nicht mehr!» nicht verkneifen.

Mittlerweile war es nach 16 Uhr, ich musste dringend zu den Bewohnern, die Hilfe bei der Nahrungsaufnahme brauchten. Ich reichte ihnen mundgerechte Stückchen Kuchen, löffelweise Joghurt und ein Schlückchen Kaffee nach dem anderen. Ein Glück, die meisten schluckten gut und schnell, was nicht immer der Fall war. Nebenher musste ich noch mehrere Telefonate führen, hauptsächlich mit Ärzten und Angehörigen.

Eine halbe Stunde später nahm ich schon wieder den Medikamentenwagen und einen kleinen Abräumwagen. Während ich Tabletten und Tropfen verteilte, sammelte ich das Kaffeegeschirr ein. Es ist sehr beschwerlich, den großen Medikamentenwagen zu schieben und gleichzeitig den vollgestapelten Abräumwagen zu ziehen, aber so sparte ich mir auf dem langen Flur doppelte Wege. Beim Durchgehen gab ich einigen Bewohnern zu trinken und versuchte so, alle Anforderungen unter einen Hut zu bringen.

In der Hektik fand ich keine Zeit, mich um die studentische Aushilfskraft zu kümmern. Sie musste alle Arbeiten für zwanzig Bewohner ohne Unterstützung bewerkstelligen. Mich plagten gegenüber den Studenten immer wieder Gewissensbisse, da selbst ich als ausgebildete Fachkraft manchmal nicht die notwendigsten Versorgungen schaffte.

Am Abendbrotwagen stehend, schmierte ich die Stullen. Suchend blickte ich mich um. Warum stand nicht alles bereit, was wir bestellt hatten? Heute fehlte die Kanne mit heißer Schokolade, die wir jeden Tag orderten, weil vor allem Frau Jäger sie ausgesprochen gerne trank. Als ich in der im Haus befindlichen Küche nachfragte, wo denn der Kakao sei, ob sie ihn vergessen hätten, bekam ich nur ein lapidares «Ja, aber das wird schon nicht so schlimm sein» zur Antwort. Was dachten die sich denn? «Ich bestehe darauf, dass mir eine Kanne hochgebracht wird», sagte ich und bekam prompt eine patzige Antwort: «Die brauchen nicht jeden Tag Kakao, dann gibt es heute eben keinen, das merken die doch gar nicht.» Ich fuhr aus der Haut: «Die Bewohner bemerken das sehr wohl, und du bestimmst ganz sicher nicht, was einem Menschen zusteht!»

Die Küchenmitarbeiter standen unter großem Stress, da Gerüchte umgingen, ihre Abteilung solle geschlossen werden – sie hatten Angst, weil keiner wusste, wie es dann weitergehen würde. Dafür hatte ich Verständnis, aber nicht dafür, dass sie ihre Sorgen und den Frust darüber an Schwächeren ausließen.

Den Kakao brachte eine Kollegin aus der Küche wenig später doch noch auf die Station, allerdings nicht, ohne den giftigen Kommentar herauszuzischen: «Spiel dich bloß nicht so auf!» Das reichte mir! «Ich muss mich um meine Bewohner kümmern», sagte ich, drehte mich um und ließ sie stehen.

Nachdem das Abendbrot verteilt war, half ich manchen Bewohnern beim Essen, und während ich Frau Kiesling ein geschnittenes Stück Käsebrot reichte, bemerkte ich, wie groß mein eigener Hunger war. Wann hatte ich das letzte Mal etwas gegessen? Es musste am späten Vormittag gewesen sein. Als ich mit Frau Kiesling fertig war, ließ ich deshalb die Klingeln Klingeln sein und machte einen Abstecher ins Dienstzimmer, wo ich im Stehen eine Kleinigkeit aß und trank. Doch die Zeit reichte nur für zwei, drei Bissen von einem Brötchen, ich musste noch alle übrigen Hilfsbedürftigen dazu bringen, sich beim Abendessen zu beeilen, was nicht gerade positive Auswirkungen hatte: Ein Bewohner hätte sich in der Eile fast verschluckt, und auf ein paar Tellern blieb die Hälfte liegen, weil ich schon wieder abräumen musste. Die Zeit drängte sehr, meine Füße schmerzten, ich hatte bereits mehrere Dienste in Folge geleistet, und den nächsten Tag würde ich ebenfalls arbeiten müssen. Jetzt musste ich all meine verbliebenen Kräfte mobilisieren. Innerhalb kürzester Zeit verteilte ich die Medikamente, sammelte das Geschirr ein, half beim Umkleiden, begleitete ein paar Bewohner auf die Toilette, legte Windeln für die Nacht an und brachte alle ins Bett.

Puh, geschafft! Als ich erschöpft im Dienstzimmer saß und die erste Pflegedokumentation schrieb, klingelte schon wieder jemand. Ich schaute auf den Pieper, Frau Möller! Nein, dachte ich, was will sie denn, ich habe doch alles gemacht?! Auf dem Weg durch den Flur überlegte ich, was ich wohl vergessen haben könnte, ohne Ergebnis. «Was möchten Sie noch, Frau Möller?», fragte ich. «Schwester, machen Sie die Vorhänge richtig zu! Dort ist noch ein Spalt.» Hörte ich richtig? Deswegen hatte sie mich gerufen? Das konnte doch nicht wahr sein. «Die Klingel ist nur für Notfälle gedacht und keine Dienstbotenklingel», entgegnete ich leicht genervt. «Dafür sind Sie angestellt, ich bezahle schließlich dafür!», fuhr sie mich an. Schnell zog ich den Vorhang zu und ging nach draußen, sonst wäre mir der Kragen geplatzt. Im Dienstzimmer atmete ich erst einmal tief durch.

Als meine Kollegin zum Nachtdienst kam, war ich noch immer geladen. «Morgen muss jemand anderes Frau Möller nehmen, meine Grenze ist erreicht!», sagte ich. Sie nickte spontan. «Das kann ich mir gut vorstellen. Mit mir springt sie auch um, als ob ich ihre Zofe wäre.» Eigentlich hätten wir wegen Frau Möller eine Teambesprechung machen müssen. Sie war sehr verbittert; ihre seit Jahren bestehende Rheumaerkrankung, verbunden mit starken Schmerzen und immer weiter fortschreitenden Einschränkungen, hatte sie gezeichnet. In einer Teamsitzung versuchte ich, dafür Gehör zu finden. Einige stimmten mir zu, aber die meisten waren so sehr mit sich und ihren alltäglichen Problemen beschäftigt, dass sie keine Kraft hatten, eine gemeinsame Lösung zu entwickeln. Weil es nicht anders ging, verarbeitete ich den Fall für mich alleine, so, wie es auch alle anderen taten. Konflikten ging ich aus dem Weg. Bewohnerinnen wie Frau Möller, über die ich mich ärgerte, ließ ich herumzetern und achtete nur so weit wie nötig auf ihre Wünsche. Es war perfide: Fehlte mir Zeit, wusste ich, bei wem ich schnell durchgehen konnte, ohne dass sich jemand beschweren würde.

An freien Tagen jedoch, wenn ich die Ruhe hatte, über meine Arbeit nachzudenken, fiel mir auf, dass ich mich negativ veränderte: Ich nahm weniger Rücksicht auf die Bewohner, lästerte mit Kollegen über deren Verhalten und ließ diejenigen, die immerzu drängelten, auch mal länger warten, bis sie an die Reihe kamen. Mein Ideal von einer menschenwürdigen Pflege wurde vom Alltag im Seniorenheim ad absurdum geführt. Von der persönlichen Lebensgeschichte der alten Menschen wollte ich gar nicht mehr so viel mitbekommen, dann konnte ich sie leichter ihrem Dasein überlassen.

Nachtdienst

Ich saß im Auto und fuhr zum Nachtdienst. Bei dem Gedanken an die bevorstehende Schicht war mir alles andere als wohl zumute. In der «Residenz Lebowski-Ring» waren nachts nur drei Mitarbeiter eingeteilt – für circa 130 Bewohner. Eine Pflegekraft hatte also mehr als vierzig alte Menschen zu betreuen!

Bei dem Gedanken zog sich mir der Magen zusammen. Einmal tief durchatmen und durch, sagte ich mir, als ich vor dem Pflegeheim hielt.

Zur Dienstübergabe ging ich auf die erste Etage. Meine beiden Kolleginnen saßen am Tisch und schimpften wieder einmal über die Arbeitsbedingungen – Conny arbeitete Teilzeit, übernahm fast nur Nachtschichten, und das an zehn Tagen im Monat, während Margot wie ich eine Vollzeitstelle hatte, in der sie zu allen Tageszeiten eingesetzt wurde. «Ich mache mir große Sorgen», sagte Conny gerade, als ich reinkam, «bei der schlechten Besetzung müssen die Bewohner doch darunter leiden.» Margot wirkte ebenfalls besorgt. «Genau, wir sind viel zu wenige Leute! Wenn ich mich an einem Ende des Flurs aufhalte und am anderen jemand um Hilfe ruft, bekomme ich davon nichts mit. Wer würde denn die Verantwortung übernehmen, wenn deshalb jemand verblutet, an einem Infarkt stirbt oder sonst was? Das müsste ich doch persönlich ausbaden!»

Ich musste an die Konflikte mit meinen Kindern denken, weil ich zu wenig Zeit für sie übrig hatte. Wie oft hatte ich mir schon von der Pflegedienstleitung anhören müssen: «Das ist nicht mein Problem. Sehen Sie zu, wie Sie klarkommen!», nur weil ich einen Dienst tauschen wollte, um zu einem Elternabend zu gehen oder andere Termine für meine Kinder wahrzunehmen. Deshalb fügte ich hinzu: «Ja, aber nicht nur dafür werden wir zur Verantwortung gezogen, sondern auch, wenn in der Kindererziehung etwas schiefgeht. Für alles sind wir Frauen zuständig!» Conny und Margot stimmten mir zu. Im Prinzip waren wir drei einer Meinung, aber uns fehlten die Ideen, wie wir unsere Situation verbessern könnten. Wer in den Augen der Arbeitgeber nicht flexibel genug war und zu viele «private Sorgen» hatte, konnte gleich nach Hause gehen. Ich fand das brutal.

«Wo fangen wir an, bei Etage 1 oder 3?», beendete Conny seufzend meine Gedanken. «Mir wäre die erste lieber, weil meine Bewohner schon eine Weile alleine sind», schlug ich vor. Ich trug zwar den Pieper bei mir, aber oft stand jemand einfach so auf und irrte umher, nicht selten stürzte er dabei.

Unten in Wohnbereich 1A und 1B war diesmal alles in Ordnung, also arbeiteten wir systematisch Zimmer für Zimmer ab. Das ging extrem schnell: Tür auf, Licht an, Bettdecke weg, ritsch, ratsch die Windel geöffnet, den Po angehoben, die Windel weg, eine neue angezogen, dann, wo nötig, umgelagert, Bettdecke drüber, Licht aus und Tür zu.

Wir mussten über drei Etagen, und auf der zweiten und dritten waren noch Medikamente zu stellen. Mir blieb keine Zeit, um innezuhalten, nur schnell, schnell weiter. Einige «meiner» Bewohner auf der 1B erkannte ich kaum wieder, als ich sie so überrumpelt und völlig schutzlos auf dem Bett liegen sah, nachdem wir sie aus dem Schlaf gerissen hatten. Ich sah in viele Augenpaare, erschrockene, ausdruckslose, ungläubig staunende, müde, bittende, flehende. Auf den Etagen 2 und 3 war es noch schlimmer, denn dort kannte ich fast niemanden. In tiefster Nacht blickten die Bewohner nun plötzlich in das Gesicht einer Fremden, einer Pflegerin, die ihnen zuvor bestenfalls flüchtig begegnet war.

Immerhin, die erste von zwei Runden in dieser Nacht war in kürzester Zeit geschafft. Danach musste ich mich erst einmal hinsetzen. Was für eine anonyme Akkordabfertigung! Tagsüber waren die Bewohner wenigstens bei Bewusstsein, und es blieb ein bisschen Zeit zur Ansprache. Aber meine Gefühle hatten in diesem Moment keinen Platz, ich musste noch auf Etage 3 die Medikamente für den nächsten Tag fertig machen. Also raffte ich mich auf und ging nach oben. Flott waren die Tagesdispenser befüllt, auch wenn ich immer wieder unterbrechen musste, weil etwas fehlte – das vermerkte ich alles auf einem Zettel für den Frühdienst.

Erst danach hatte ich noch etwas Zeit und ruhte mich ein wenig aus. Die hilflosen und schockierten Blicke der Bewohner gingen mir nicht aus dem Kopf. Ich spürte deutlich, so, wie das abläuft, ist es nicht richtig. Ich dachte an die Zeit der Umschulung zurück, während der mir so strenge moralische Maßstäbe vermittelt worden waren, dass ich in der Praxis automatisch ein schlechtes Gewissen wegen meines Umgangs mit den Bewohnern bekam.

Die zweite Runde stand jetzt an. Als wir uns dem Zimmer von Frau Findeisen näherten, hörten wir schon von weitem ihr flehendes «Schwester, Schwester!». Das ging bestimmt schon eine Weile so, aber die Zeit reichte nur für ein kurzes Halten der Hand. «Frau Findeisen, es ist alles in Ordnung, ich bin ja da!», versuchte ich die verängstigte Frau zu beruhigen, gab ihr einen Schluck zu trinken, wechselte die Windel – dann mussten Conny und ich weiter. Kaum hatten wir die Tür geschlossen, hörten wir sie wieder rufen: «Schwester, Schwester!» Mir blieb keine Möglichkeit, ihr die Angst zu nehmen.

Auf der Etage 2 lag eine Bewohnerin mit Brustkrebs im Endstadium, deren schmerzlindernde Tropfen offensichtlich zu schwach dosiert waren. Die Etage ging mich nichts an, eigentlich, aber nachts, auch heute, hörte ich die Frau laut stöhnen. Mir wurde ganz anders …

Mehrmals hatte ich das Problem bereits angesprochen. Doch ich bekam nur zu hören, dass das Sache des Arztes sei. Später erfuhr ich, dass der Notarzt, der ihren Tod feststellte, sehr erbost über den behandelnden Arzt gewesen war. Hätte ich etwas tun können, um ihr zu helfen? Hätte ich vehementer darauf bestehen müssen, dass sich jemand um die richtige Dosierung der Schmerzmittel kümmert? Durch meine Nachfragen fühlten sich sowieso schon einige Kollegen von der Etage 2 auf den Schlips getreten. Hätte ich einfach aus dem Nachtdienst heraus einen Notarzt geholt, hätten sich meine Kollegen erst recht angeschwärzt gefühlt.

Das machte ich nicht lange mit und sagte das den anderen. Ich konnte doch die alten Menschen auf meiner Station nicht so lange alleine lassen! Nach wenigen Nächten blieb ich unten auf meinem Stockwerk, dort hatte ich etwas mehr Zeit für jeden, und die Bewohner auf Station 1B kannten mich wenigstens.

VERKAUFT

Als die Tage kürzer wurden und überall die Weihnachtsbeleuchtung erstrahlte, wurden auch im Heim
die Adventskränze aufgestellt, um die dunkle Jahreszeit für die alten Menschen etwas freundlicher zu gestalten. Ich hatte mich inzwischen eingearbeitet und
wusste, wie ich am besten mit den Unzulänglichkeiten
zurechtkam. Doch just in dieser Zeit machten Nachrichten die Runde, die alles andere als ein entspanntes Fest versprachen: Die kommunalen Krankenhäuser
und Pflegeeinrichtungen in Berlin sollten zum Jahreswechsel zusammengefasst und teilprivatisiert werden.
Die Medien berichteten, dass die städtischen Gesundheitseinrichtungen so viele Verluste brächten, dass sie
nur mit einer Sanierung zu retten seien. Zum Januar
2001 wurde das Personal aufgefordert, geschlossen in
die neugegründete GmbH zu wechseln. Einige Kollegen
auf meiner Station diskutierten darüber, ob wir die Zustimmung verweigern könnten, weil wir befürchteten,
dass sich die Lage durch die Zusammenführung der
städtischen Heime eher noch verschlimmern würde.
Gerüchte gingen um, dass denjenigen, die nicht der
GmbH beitreten wollten, gekündigt würde. Für mich
gab es keine Alternative, weil ich noch in der Probezeit war: Bei einer Verweigerung der Unterschrift
hätte ich gleich nach Hause gehen können. Wie meine
Kollegen unterschrieb ich also – mit dem Zweifel im
Hinterkopf, ob die gegebenen Job-Garantien wirklich eingehalten würden. Sicher war nur, dass wir ab

Neujahr innerhalb der Stadt beliebig versetzt werden konnten.

Die Weihnachtseinkäufe fand ich reichlich stressig, weil ich zwischen den Schichten versuchte, für die Kinder besonders schöne Geschenke zu finden, nachdem ich sie in den vergangenen Monaten so vernachlässigt hatte. Auch meiner Mutter wollte ich eine gebührende Anerkennung für die vielen Stunden zeigen, in denen sie meine Kinder betreut hatte. Sosehr ich mich aber auch anstrengte, ein schönes Fest in familiärer Atmosphäre zu organisieren, innerlich blieb ich unruhig und aufgewühlt, weil ich nicht wusste, was im folgenden Jahr auf mich zukommen würde. Wollte mein Arbeitgeber die noch laufende Probezeit nutzen, um mich gleich wieder zu entlassen und so Personal abbauen zu können? Könnte ich ohne viel Aufhebens einfach in eine andere Ecke der Stadt versetzt werden, wofür ich lange Fahrtzeiten in Kauf nehmen müsste? Diese Verunsicherung trübte meine Feiertagslaune erheblich.

Erst nachdem in den ersten Januarwochen keine neuen Katastrophenmeldungen kamen, entspannte ich mich langsam, und Mitte März konnte ich dann endgültig aufatmen – die Probezeit hatte ich überstanden. Ich war erleichtert, denn trotz der Umstrukturierung verfügte ich nun über einen relativ sicheren Arbeitsplatz. Meine Miete konnte ich endlich problemlos bezahlen und meine Kinder gut versorgen. Das Geld reichte sogar für eine schönere Wohnung, mit Sicht vom Balkon zum Fernsehturm am Alex! Auch die Zusammenarbeit mit den Kollegen lief insgesamt gut, einige, wie Conny und Margot, waren mir besonders ans Herz gewachsen.

Im Laufe des Jahres spürten wir jedoch die ersten Veränderungen im Konzern. Die Geschäftsführung unterstellte die bis dahin unabhängig wirtschaftenden Seniorenheime einer zentralen Pflegedirektion. Von Krankenhausstationen, die geschlossen worden waren – das betraf vor allem die psychiatrischen Abteilungen –, bekamen wir Pflegekräfte zugewiesen. Die körperliche Belastung war für viele dieser Kollegen ungewohnt, und die Krankmeldungen nahmen zu. Deshalb waren wir häufig unterbesetzt, mussten zu zweit statt einer Station die gesamte Etage versorgen, mehr als vierzig Bewohner! Die übliche Fließbandpflege wurde damit noch verschärft: Mehr, als Essen und Trinken zu verteilen, die Windeln zu wechseln und die Medikamente zu verabreichen, war nicht drin.

Die Monate rasten dahin. Und dann hatte ich auch noch privat einen schweren Rückschlag zu verkraften: Bei meinem 16-jährigen Sohn wurde Epilepsie diagnostiziert. Die Sorge um ihn lähmte mich. Kam er im Alltag sicher zurecht? Gelangte er ohne Probleme zur Schule und wieder zurück? Was, wenn er unglücklich stürzte, während ich bei der Arbeit war? Manchmal wusste ich nicht mehr aus noch ein.

Bei der Arbeit blieb es gleichfalls turbulent: Im Frühsommer bekamen wir bereits die dritte Pflegedienstleitung innerhalb kürzester Zeit. Keine hatte es bis dahin geschafft, eine klare Linie in die Strukturen des Heims zu bringen.

Frau Karnap, eine kräftige Frau mit viel Erfahrung, wirkte gutmütig und erweckte den Anschein zu wissen, wie man die Probleme im Heim löst. Mit einer Flut von Dienstanweisungen stellte sie erst einmal klar, wer für die miserablen Zustände verantwortlich war – natürlich wir Fachkräfte, die angeblich nicht effizient genug arbeiteten. Unsere Hoffnungen, die wir in die neue Leitung gesetzt hatten, verflogen schnell.

Der Druck auf das Personal wurde verstärkt und uns examinierten Fachkräften immer mehr Verantwortung aufgebürdet. Da viele Kollegen ohnehin an der Belastungsgrenze arbeiteten, wurden mit der Zeit immer mehr krank. Auch ich stand unter permanenter Anspannung; oft befiel mich das Gefühl von Hoffnungslosigkeit. Wenn ich von der Arbeit kam, wollte ich an vielen Tagen nur noch schlafen. Häufig weinte ich ohne erkennbaren Grund.

Im Team war die Stimmung gereizt: Die einen wollten auf ihre Belastung offiziell hinweisen und mehr Personal fordern. Andere machten aber auch abfällige Bemerkungen, wenn ich auf Mängel in der Pflege hinwies, für die wir als Fachkräfte unseren Kopf hinhalten müssten.

Viele Kollegen wirkten damals abgestumpft. Heute denke ich, dass das nicht immer der Fall gewesen sein kann. Auch diese Kollegen hatten wahrscheinlich am Anfang andere Vorstellungen von ihrem Beruf; im Laufe der Jahre hatten sie lernen müssen, die sogenannte Funktionspflege, mit der die hilfsbedürftigen Menschen automatisiert abgearbeitet werden, zu akzeptieren. Sie konnten sich nicht aus dem vorgegebenen Ablauf ausklinken. Wie denn auch? Sie standen wie ich vor der Wahl, einfach mitzumachen und Ruhe zu haben oder auf die Missstände – die wir sahen – hinzuweisen und damit eine Abmahnung, im schlimmsten Fall sogar eine Kündigung zu riskieren. Vom Ärger mit den anderen Kollegen, die eine Kritik an den Zuständen womöglich als Kritik an der eigenen Arbeit auffassen würden, ganz zu schweigen.

Ich versuchte einmal mehr, meine Gewissensbisse beiseitezuschieben, wenn ich Bewohner vernachlässigen musste. Nicht selten beschlich mich dabei das Gefühl, benutzt zu werden, ein Erfüllungsgehilfe für etwas zu sein, das mir widerstrebte.

Weitere Umstrukturierungen

Die Mitteilung traf uns Ende August wie ein Schlag. Nach der Schließung von Klinikstationen drehte sich auch in der «Residenz» das Personalkarussell. Unser Pflegeteam auf Etage 1 wurde aufgelöst, alle Beschäftigten wurden im Haus und außerhalb neu verteilt. Wie ein Hohn las sich für mich der Satz eines Informationsschreibens der Pflegedirektion: «In fast allen Pflegebereichen haben wir Stellen frei, und die Einrichtungen freuen sich auf Ihre Mitarbeit.» Außerdem erfuhren wir, dass eine Klasse von frisch examinierten Auszubildenden «im Rahmen eines Modellprojekts» zum 1. Januar 2002 den Pflegebereich der ersten Etage übernehmen sollte. Die Pflegedienstleiterin teilte einer Kollegin und mir die Aufgabe zu, die Neuen einzuarbeiten. Entsetzt musste ich feststellen, dass es für das «Modellprojekt» überhaupt kein Konzept gab. Wie können fünfzehn Leute gleichzeitig auf einer Station anfangen, ohne Kolleginnen und Kollegen, bei denen sie schnell mal nachfragen, wenn sie etwas nicht wissen? Wie sollen sich die Bewohner, die sich an das Stammpersonal gewöhnt haben, auf so viele neue Gesichter einstellen? Sosehr ich es begrüßte, dass die Auszubildenden übernommen wurden, hatte ich doch starke Zweifel, ob das gutgehen könnte.

Den jungen Leuten ging es ähnlich, auch sie fühlten sich nicht sonderlich wohl in ihrer Haut, denn einige von ihnen hätten lieber im Krankenhaus gearbeitet, was ich gut verstehen konnte. Notgedrungen, um nicht arbeitslos zu werden, hatten sie die Stellen im Heim angenommen.

Die Arbeit mit den frisch examinierten Pflegekräften bereitete mir dann im Endeffekt sogar Freude. Sie waren im Denken noch nicht so festgefahren und brachten frischen Wind mit. Sie schafften es, die geringe Erfahrung in der Altenpflege durch ihr Engagement auszugleichen, und vermieden so manchen Fehler, der sich vorher in der langjährigen Routine eingeschliffen hatte. Erfreulicherweise stellten sie auch Fragen zur Qualität der Pflege. So wurde mein Blick durch sie wieder für die Frage geschärft, ob ich die im Heim übliche Arbeitsweise verantworten konnte. Und ob meine Einstellung, einfach nur meinen Job zu machen, die richtige war.

Eine Schlüsselsituation erlebte ich Ende 2001. In diesen Tagen kam ich mehrmals zufällig in das Dienstzimmer, als nicht examiniertes Personal die Medizin in die Dispenser verteilte. Als ich die Kollegen darauf ansprach, reagierten einige unwirsch, offenbar, weil sie sich gekränkt fühlten. «Was willst du? Das ist hier im Haus doch normal, und wir müssen sonst auch alles machen», sagte eine Pflegehelferin. «Das kann schon sein, aber nicht, wenn ich hier die Verantwortliche bin», insistierte ich. Manchmal kann schon eine verkehrte Tablette lebensbedrohlich sein. Ich wollte das Risiko für von anderen falsch zusammengestellte oder falsch verabreichte Pillen nicht mehr auf mich nehmen.

Dass ich endlich eine Grenze gezogen hatte, erleichterte mich, allerdings stand ich nun vor einem Dilemma: Bei all meinen anderen Aufgaben konnte ich die Medikamente für das ganze Haus gar nicht alleine vorbereiten – also bat ich die Wohnbereichsleiterin, Frau Volkert, das Problem zu lösen. Ohne Erfolg.

Im Nachtdienst rieten mir Kollegen kurz darauf, ich solle meinen Mund halten, sonst ergehe es mir wie einer anderen Kollegin, die rausgemobbt wurde, weil sie zu viel Ärger machte. Das war doch einfach nicht zu fassen! Merkten die Kollegen nicht, dass sie sich ins eigene Fleisch schnitten? Dachten sie wirklich, dass sie verschont blieben, wenn sie alles mitmachten? In meinen Augen war das ziemlich kurz gedacht.

Das war aber noch nichts gegen das, was ich wenig später, nach katastrophalen elf Nachtschichten hintereinander, erleben sollte: Als ich am frühen Morgen nach Hause aufbrechen wollte, wurde ich zusammen mit Frau Volkert zu Frau Karnap zitiert. Die Pflegedienstleiterin konfrontierte mich mit dem Vorwurf, dass sich andere Kollegen durch mich angegriffen fühlten. Mir verschlug es zunächst die Sprache, zumal weder sie noch Frau Volkert konkrete Vorfälle nennen konnten. In mir krampfte sich alles zusammen.

Ich fühlte mich ausgeliefert, zumal mir ganz viel

Schlaf fehlte, weil ich tagsüber zu Hause nie genug Ruhe gefunden hatte. In meinem übermüdeten Zustand hätte ich am liebsten gesagt, dass ich nicht bereit sei, länger ohne Anhaltspunkte mit ihnen zu diskutieren. Aber hätten sie das nicht als Schuldeingeständnis betrachtet? In diesem Moment fielen mir die Gespräche mit den Kollegen ein, die mich vor Schikanen gewarnt hatten, sollte ich meinen Mund zu weit aufmachen. War ich jetzt etwa mittendrin? Das wollte ich mir nicht bieten lassen, mobilisierte meine restlichen Kräfte und ging in die Offensive: «Ich bin mir keiner Schuld bewusst. Ich habe lediglich über die unhaltbaren Zustände hier gesprochen, zum Beispiel, dass Medikamente entgegen den Dienstvorschriften zusammengestellt werden, von Leuten, die dafür nicht ausgebildet sind. Dann wiederum fehlen dringend benötigte Arzneimittel. Ich habe aber keine Zeit, mich um all das zu kümmern, wenn wir mit so wenigen Kräften auf der Station sind. Abgesehen davon habe ich mit Frau Volkert offen über die Probleme gesprochen, mit der Bitte, sie zu lösen – im Sinne der uns anvertrauten Menschen und auch, um mich rechtlich abzusichern. Das ist der übliche Dienstweg – was also werfen Sie mir eigentlich vor?» Die Antwort von Frau Karnap war kurz und bündig: «Um diese Dinge haben Sie sich nicht zu kümmern!» Darauf wusste ich nichts mehr zu erwidern.

Aufgewühlt fuhr ich nach Hause. Schockiert, wütend und ohnmächtig, versuchte ich zu begreifen, was gerade geschehen war. Was verlangten meine Vorgesetzten von mir? Ich sollte rechtswidrige Arbeitsweisen tolerieren, aber für möglicherweise tödliche Folgen geradestehen?

Es wäre nicht das erste Mal, dass eine Altenpflegerin ins Gefängnis gehen müsste, weil vorher niemand den Mund aufzumachen gewagt hatte.

An den folgenden freien Tagen lag ich fast die ganze Zeit im Bett. Ausgebrannt und kraftlos fühlte ich mich, mein Kopf schmerzte, ich litt unter Angstzuständen und permanenten Magenkrämpfen. Ich konnte erste Symptome des Burn-out-Syndroms an mir beobachten, vor dem meine Psychologie-Dozentin mich damals in der Ausbildung so sehr gewarnt hatte: Ich zog mich immer mehr zurück, nachts grübelte ich endlos, schlief oft erst im Morgengrauen ein und blieb dann bis zum Nachmittag liegen. Das Schlimmste war, nichts gegen diesen Zustand tun zu können und mich deshalb erst recht ohnmächtig zu fühlen.

Immer wieder musste ich an das Gespräch mit der Pflegedienstleitung denken. Wie war so etwas möglich? Schließlich gab es eine Reihe anderer Kollegen, die wie ich eine gute Pflege leisten wollten – aber auch sie hielten den Mund. Sie rieten mir sogar davon ab, zum Betriebsrat zu gehen, da er ihnen auch nicht geholfen habe. Kein Wunder, dass man immer wieder von Pflegekräften hört, die es keine fünf Jahre im Beruf ausgehalten haben. Deprimiert und ausgebrannt geben sie auf. Einen Moment lang überlegte ich, ob ich ebenfalls aussteigen sollte. Doch dafür wusste ich zu genau, dass ich eine gute Altenpflegerin bin und etwas kann. Sollte ich mir alles, was ich mir so schwer erkämpft hatte, wegnehmen lassen? Ich gehe nicht drei Jahre lang zur Schule, nehme so viele Belastungen auf mich und lasse mir dann alles kaputt machen!

Meine Gedanken drehten sich im Kreis, nur ganz langsam konnte ich wieder klar denken. Ich suchte die Karte heraus, die mir meine Psychologie-Dozentin am Ende der Umschulung geschenkt hatte, weil ich wusste, dass sie mich aufbauen würde. Sie hatte mir damals geschrieben: «Liebe Brigitte! Sie haben immer wieder das Menschliche in den Blickpunkt geholt und damit viel für den Kurs getan, dafür danke ich Ihnen!»

Sie hatte recht, die Frage nach der Menschlichkeit hatte mich von Beginn an stark beschäftigt. Schon bei meinem ersten Praktikum war ich auf besondere Weise damit konfrontiert worden: In den acht Wochen starben fünf Bewohner. Innerhalb kürzester Zeit sank ihr Körper in sich zusammen. Eine in der Gesellschaft oft verdrängte Realität – der Tod – war plötzlich ganz nah. Es fiel mir damals nicht leicht, diese einschneidenden Erlebnisse zu verarbeiten, doch bei erfahrenen Kollegen fand ich Trost und Orientierung. Ich musste akzeptieren, dass der Tod zum Leben gehört – so lapidar es klingt, irgendwann ist es zu Ende. Damals habe ich gelernt, eine professionelle Haltung einzunehmen: Es ist wichtig, den Sterbenden in den letzten Stunden zu begleiten, ihn jedoch nicht mit der eigenen Betroffenheit und dem eigenen Schmerz zu belasten – nur dann habe ich die Kraft, ihn auch in diesen schwierigen Stunden zu unterstützen. Wenn ich hingegen zu sehr mitleide, werde ich meinen Beruf nicht lange ausüben können.

Diese Erkenntnis hatte mir viel Klarheit gegeben, auf die ich mich auch jetzt zu stützen versuchte: Es macht keinen Sinn, wenn ich mich als «Mutter Teresa» aufopfere. Vielmehr muss ich zuerst auf mich selbst achten, nur so kann ich anderen helfen. Der Grundsatz, dass das eigene Wohlbefinden erst die Basis für solidarisches Handeln schafft, ist äußerst wichtig. Wenn er nicht mehr eingehalten wird, geraten viele Pflegerinnen und Pfleger an ihre körperlichen und auch seelischen Grenzen. Oft wird behauptet, sie würden ihre Arbeit aufgeben, weil sie das Sterben und die Krankheit der alten Menschen nicht ertrügen. Das finde ich absurd. Die eigentliche Belastung entsteht durch den oberflächlichen Umgang mit den Menschen: Allzu oft hatte ich gar keine Zeit, Bewohner, die im Sterben lagen, zu begleiten. Mein Wissen über Schmerzlinderung, seelische Entlastung und vieles mehr konnte ich überhaupt nicht anwenden; ich konnte nicht für den nötigen Beistand sorgen, allenfalls Angehörige oder einen Seelsorger benachrichtigen.

Je länger ich zu Hause darüber nachdachte, desto mehr wuchsen meine Zweifel. In welcher Gesellschaft lebe ich eigentlich, dass ich die Menschen in den letzten Tagen ihres Lebens nicht würdig begleiten kann? Woran beteiligte ich mich? Mich erschütterte der Gedanke, dass die alten Menschen offenbar umso rücksichtsloser behandelt wurden, je weniger sie wirtschaftlich produktiv oder als Konsumenten interessant waren.

Als ich versuchte, mir vorzustellen, wie ich und die anderen Alten von morgen wohl gepflegt würden, sah ich nur düstere Szenen ... Würde ich im Heim auch ständig gehetzten Pflegerinnen und Pflegern ins Gesicht sehen, die mir vermittelten: «Ich habe keine Zeit für Sie!»? Würde ich die Tage einsam in einem Zimmer verbringen und darauf warten, dass mir jemand hülfe, einen kleinen Schluck zu trinken? Oder erhielte ich möglicherweise gar keine Gesundheitsversorgung mehr und würde nur noch über Schläuche ernährt werden?

Ich kam zu dem Schluss, dass nicht ich falsch oder zu genau arbeitete, und auch mit der Pflege der alten Menschen hatte ich keine Probleme. Vielmehr kämpfte ich gegen eingefahrene und unverantwortliche Arbeitsweisen, an denen ich alleine nichts weiter ändern konnte. Es schockierte mich selbst, als ich mir vor Augen führte, dass die Medikamente schon seit Monaten immer wieder durch Pflegehelfer oder Aushilfen zusammengestellt und verteilt wurden. Ich hatte einfach weggeschaut, um mit dem Arbeitsdruck klarzukommen.

Wie sollte ich jetzt handeln? Ein Ende der Konflikte war nicht in Sicht. Da die Pflegedienstleitung mich zu strafbarem Handeln zwingen wollte, musste ich Konsequenzen ziehen. Ich sah keine Möglichkeit, weiter im «Lebowski-Ring» zu bleiben, und baute darauf, dass die Bedingungen woanders besser sein würden. Am schwarzen Brett hatte ich immer wieder interne Jobangebote hängen sehen, mit vielen offenen Stellen in den anderen Heimen. Ich beschloss, mich versetzen zu lassen.

Bei der nächsten Schicht teilte ich Frau Karnap in einem persönlichen Gespräch mit, dass ich meinen Arbeitsplatz wechseln wolle. «Sie sind eine gute Fachkraft, und ich würde Sie gerne im Haus behalten», versuchte sie mich umzustimmen. Aber es war zu spät; ich hatte mir das neue Seniorenheim schon angesehen, und meine Versetzung war geklärt, nur die Erlaubnis der Pflegedienstleiterin fehlte noch. Als Frau Karnap einwilligte, atmete ich erleichtert auf.

Neuer Job im alten Betrieb

Am 1. Januar 2002 stieg ich also in mein Auto und fuhr zu meinem neuen Arbeitsplatz, einem Pflegeheim des Konzerns in der Mahagoniallee. Was würde mich dort erwarten? Konnte ich endlich in Ruhe meiner Arbeit nachgehen? Ich hatte in den letzten Monaten genug Abstriche an der Pflegequalität machen müssen. Nun nahm ich mir vor zu versuchen, im Kleinen wieder etwas Wärme in den harten Pflegealltag zu bringen. Wenn ich dann mit einem ruhigen Gewissen nach der Schicht nach Hause gehen könnte, wäre ich zufrieden. Mit diesen Vorsätzen trat ich meinen ersten Arbeitstag an.

In dem Heim lebten mehr als hundertfünfzig Senioren auf mehreren Etagen. Als mich die Pflegedienstleiterin begrüßte, war ich befremdet. Vor mir stand eine auffällig geschminkte Frau in Minirock und Stöckelschuhen. Wie wollte die uns unterstützen? In der Pflege wurde jede Hand gebraucht, und es war praktische Hilfe gefragt, die ich mir von ihr in diesem Aufzug beim besten Willen nicht vorstellen konnte. Aber wer weiß, vielleicht überraschte sie mich ja.

Ich sollte den Wohnbereich 4 auf den Etagen 5 und 6 betreuen, wobei ich überwiegend im sechsten Stock eingesetzt werden würde. Also fuhr ich mit dem Fahrstuhl nach oben und trat in einen großen Vorflur. Gegenüber den Fahrstühlen lag der Aufenthaltsbereich, der durch seine farblosen Wände kühl wie eine Wartehalle wirkte; rechter und linker Hand führten Flure zu mehreren Räumen, alles Einzelzimmer. Zu jedem Apartment gehörten ein kleiner Flur mit Einbauschrank sowie ein Bad mit Toilette und Dusche. Als ich die hohe Duschtasse sah, stellten sich mir die Nackenhaare auf: Sie war alles andere als behindertengerecht! Die Bäder waren zudem sehr eng, es würde sehr schwierig werden, mit einem Rollstuhl überhaupt hineinzukommen.

Das Team, das im Frühdienst rund fünfundvierzig Menschen im Wohnbereich zu versorgen hatte, setzte sich aus vier Mitarbeitern und einem Zivildienstleistenden zusammen. Bei der Dienstübergabe erfuhr ich, dass die Kollegin vom Nachtdienst zuvor alleine für vier Etagen mit rund neunzig Menschen zuständig gewesen war. Neben den Rundgängen, dem Wechseln der Windeln, der Hilfe bei Toilettengängen und akuten Notrufen stellte sie die Tabletten für den nächsten Tag zusammen. Die Folgen dieser Unterbesetzung konnte ich gleich darauf sehen: Bewohner lagen neben ihren Decken bloß, manche Betten waren vollkommen durchnässt und rochen nach Urin.

Nebenher erfuhr ich, es sei an der Tagesordnung, dass nicht examinierte Pflegekräfte in der Nacht die Tabletten vorbereiteten. Das war doch nicht zu fassen! Gerade aus diesem Grund hatte ich das alte Heim verlassen, in der Annahme, dass das eine Ausnahme gewesen war, und jetzt das! War ich vom Regen in die Traufe geraten? Ich beschloss, das nicht zu kommentieren. Natürlich hätte ich mich erneut bei der Pflegedienstleitung beschweren können, aber ich wollte nicht gleich am ersten Tag als Querulantin abgestempelt werden. Noch einmal konnte ich mich nicht versetzen lassen, schließlich brauchte ich die Arbeit.

Dennoch wollte ich wissen, wie die rechtliche Situation aussah, und fragte nach. Anders als in der «Residenz» lag die Verantwortung für alles, was in ihrem Bereich passierte, bei der Wohnbereichsleitung und nicht bei mir als examinierter Kraft. Ich atmete auf. Immerhin war ich rechtlich entlastet, auch wenn natürlich die Gefahr von Fehlmedikationen für die alten Menschen dadurch nicht geringer wurde.

Die Alarmsignale, dass auch in diesem Heim etwas schieflief, häuften sich in bedenklicher Weise: Gleich in den ersten Tagen litten mehrere Bewohner im gesamten Haus an Erbrechen und Durchfall, was ein Zeichen für mangelhafte Hygiene sein konnte. Als ich mit der Leitung darüber sprach und fragte, ob die vorgeschriebene Meldung beim Gesundheitsamt erfolgt sei, sagte sie: «Durchfälle und Erbrechen kommen hier so oft vor, das müssen wir nicht melden.» Am Tag darauf lag ich selbst mit Brechdurchfall im Bett und fühlte mich völlig elend. Neben mir waren weitere Kollegen erkrankt. Nach meiner anfänglichen Hoffnung auf bessere Arbeitsbedingungen stellte sich bei mir schnell Ernüchterung ein. Was würde mich noch erwarten?

Heben im Akkord

Eben hatte Frau Matuschek geklingelt, eine Frau Mitte sechzig, von Geburt an schwerbehindert. Sie war zum Teil gelähmt, konnte die Bewegungen ihrer Arme und Beine nicht steuern, und geistig befand sie sich auf dem Stand einer Fünfjährigen. Frau Matuschek war in den 1930er Jahren, als die Nazis an die Macht kamen, geboren worden. Von ihrem Vater und ihrer Mutter immer gut umsorgt, hatte sie diese Zeit trotz ihrer Behinderung überstanden. Eine Kollegin sagte einmal: «Die Eltern müssen ihre Tochter gut versteckt haben, sonst würde sie heute nicht mehr leben.» Frau Matuschek war nie in einer Behindertenwerkstatt oder mit Gleichaltrigen zusammen gewesen, sondern, solange es ging, bei ihren Eltern geblieben – nun wohnte sie im Pflegeheim. Ihre Mutter kam noch immer fast täglich zu Besuch und passte auf ihre Tochter auf.

Als ich jetzt zu ihr ging, lag Frau Matuschek im Bett und lachte, wodurch abgebrochene, kariöse Zähne sichtbar wurden, ein fauliger Mundgeruch wehte mir entgegen. Ich entfernte die Windel, die beißend nach Urin roch und mindestens fünf Kilo wog; der Nachtdienst hatte es offenbar wieder nicht geschafft, Frau Matuschek eine frische Vorlage anzuziehen. Wiederholte sich das, drohte eine Pilzinfektion.

Während ich Frau Matuschek aufsetzte und festhielt, gab sie die für sie typischen Laute von sich, aus denen ich nur manchmal erraten konnte, was sie wollte. Gelang es mir, freute sie sich jedes Mal und klatschte in die Hände. Jetzt hockte sie auf der Bettkante und schlenkerte mit den Armen nach links und nach rechts. Ob sie heute in der Lage sein würde, beim Umsetzen etwas mitzuhelfen? Oder musste ich wieder ihre gesamte Körperlast von über achtzig Kilogramm tragen? Halb in die Knie gehend, um das Gewicht mit der Oberschenkelmuskulatur zu tragen und so die Wirbelsäule zu entlasten, hob ich Frau Matuschek hoch. So ein Mist, sie ließ sich voll hängen, nur mit Mühe schaffte ich es, sie auf den Toilettenstuhl zu setzen. Dabei musste ich doppelt aufpassen, denn oft versuchte sie, einen während des Hebens zu beißen. Ein Albtraum, von diesen verfaulten Zähnen eine Bisswunde zu bekommen! Natürlich hatte ich das Problem mit den Zähnen schon angesprochen, aber es war mit der Bemerkung «Solange sie keine Schmerzen hat ...» beiseitegeschoben worden.

Zum Heben von schweren Bewohnern wie Frau Matuschek hätte ich gerne um Hilfe gefragt, wie es sowieso vorgeschrieben ist. Es war jedoch niemand da; der Zivildienstleistende arbeitete für sich, ich hatte nicht einmal die Zeit, um nachzusehen, was er genau machte. Außerdem hätte ich mir bei der Frage nach Unterstützung wahrscheinlich sowieso wieder einen Korb geholt; mit der Aussage «Ich schaffe das doch auch alleine!» war ich mehr als einmal abgebügelt worden.

Im Team brüsteten sich viele damit, schwere Bewohner allein versorgen zu können. Ich fragte mich dann immer: Wem nutzt diese Großtuerei, wem wollen sie etwas beweisen? Sie bedachten nicht, dass sie mit diesem Verhalten den Bewohner und sich selbst gefährdeten. Viele alte Menschen haben beim Umsetzen Angst und klammern sich dann umso fester an einen; Stürze sind da vorprogrammiert. Und durch das ständige schwere Heben leiden viele Pflegekräfte nach einer gewissen Zeit an schweren Schäden des Halte- und Bewegungsapparats, oft an Bandscheibenvorfällen. Wenn ich vor allem die jüngeren Kollegen auf diese Tatsachen hinwies, wurde ich beschwichtigt: «Alleine geht es aber schneller, wir müssten sonst ja ständig jemanden holen, und dazu sind wir zu wenig Personal.»

Innerhalb einer Schicht bewegte jeder von uns mehrere Tonnen an Gewicht. Untersuchungen besagen, dass Altenpflegerinnen an einem Arbeitstag größere Lasten tragen als ein Bauarbeiter. Meine Aufgabe hieß nicht nur Pflegen, sondern auch Heben im Akkord!

Frau Matuscheks Laute rissen mich aus den Gedanken, sie war fertig mit dem Zähneputzen. Weil ich es danach nur mit Ach und Krach, halb stehend, halb hängend, schaffte, ihren Oberkörper und den Intimbereich zu waschen, nahm ich mir vor, dies zukünftig im Bett zu machen. Dann könnte ich auch besser sehen, ob mit der Haut alles in Ordnung wäre. Geduscht wurde Frau Matuschek nur selten, weil die gesamte Prozedur zu mühsam war – die behindertenfeindliche Bauweise des Bades trug ein Übriges dazu bei. Durch die Enge und die hohe Luftfeuchtigkeit wurde die Arbeit dermaßen erschwert, dass ich nach dem Duschen immer selbst ganz nass war, durchgeschwitzt und fertig.

Nach der Morgentoilette zog ich Frau Matuschek an, half ihr, sich an den Tisch zu setzen, stellte ihr ein Glas mit Apfelsaft hin, machte das Bett und legte ihr die Klingel zurecht, damit sie sich bemerkbar machen konnte, wenn sie auf Toilette musste. Da sie den Aufenthaltsraum nicht mochte, wo alle nur stumpf vor sich hin vegetierten, war sie von nun an für den Rest des Tages allein, es kam nur noch jemand wegen des Essens und der Tabletten zu ihr – es sei denn, ihre Mutter besuchte sie.

Frau Matuschek tat mir leid, und ich fand, dass sie in dem Heim nicht gut aufgehoben war. Wie glücklich wäre sie wahrscheinlich gewesen, wenn ich einfach einmal mit ihr in den schönen Garten hinter dem Heim gegangen wäre. Aber das schaffte ich nie.

Wenig Lohn für viel Arbeit

Im Februar hielt ich die Verdienstabrechnung für den Januar 2002 in der Hand. Auf dem Stundenzettel waren 23 Arbeitstage ausgewiesen, obwohl der Monat nur 22 Werktage hatte. Das hatte ich noch nicht erlebt, Neujahr, eigentlich ein Feiertag, war als Arbeitstag deklariert worden!

Bei meiner alten Arbeitsstelle, die ja auch zum Konzern gehörte, wurden die Feiertage dagegen nicht in die Sollarbeitszeit eingerechnet. War in der Mahagoniallee bloß ein Irrtum unterlaufen? Im Personalbüro wurde mir mitgeteilt, dass die Arbeitszeit von ihnen «anders berechnet» werde, im Klartext: zum Nachteil der Kollegen. Eine Kollegin erzählte mir: «Die gesetzlichen Feiertage sind schon vor Jahren für uns gestrichen worden. Mit mehreren Briefen haben wir versucht, uns dagegen zu wehren, es hat aber nichts genützt.»

Ich brauchte die freien Tage, um mich zu erholen, unabhängig davon, ob ich direkt am Feiertag freihatte oder einen späteren Tag freibekam. Was maßten sich diese Bürokraten an? Sie saßen am Schreibtisch, hatten jedes Wochenende und die Feiertage frei, und uns, die wir von Montag bis Sonntag im Schichtwechsel schufteten, wurden sie vorenthalten.

Als ob das nicht genug Ärger wäre! Auf meiner Verdienstabrechnung fehlte auch noch Geld, denn mir war die Pflegezulage gestrichen worden, welche als Ausgleich für die schwere Arbeit mit kranken Menschen gezahlt wird. Die Geschäftsführung behauptete, die Bewohner seien nur pflegebedürftig, aber nicht krank. Das passte natürlich in ihr wirtschaftliches Konzept, weil sie so Geld sparten, doch es war total lebensfremd. Hatten sie noch nie an einem Pflegebett gestanden? Vielleicht sollte ich sie einmal zur Pflege von Frau Matuschek mitnehmen!

Nun fehlte mir jeden Monat die Zulage, und durch die Streichung der Feiertage musste ich im Jahr mindestens neun Tage zusätzlich arbeiten. Ohne Lohnausgleich, versteht sich. Wie sollte ich das alles schaffen? Ich hatte zwei Kinder zu ernähren und zu erziehen. Die freien Tage brauchte ich für sie, erst recht, seit mein Sohn an Epilepsie erkrankt war. Auch meine Tochter hatte gesundheitliche Probleme. Beide benötigten mehr Zeit, Kraft und Aufmerksamkeit als «normale» Kinder. Ich musste mit ihnen immer wieder zum Arzt, und jedes Mal musste ich zuerst zäh über den Dienstplan diskutieren, damit ich freibekam. Mehrmals fielen Bemerkungen wie: «Wenn du Probleme mit deinen Kindern hast, dann kannst du eben nicht arbeiten gehen.» Das sah ich anders! Wer sollte denn sonst unseren Lebensunterhalt bestreiten? Ich arbeitete in drei Schichten, rund um die Uhr verteilt, und nun wurde meine Leistung derart missachtet? Das konnte und wollte ich mir nicht gefallen lassen.

Von Kollegen aus dem «Lebowski-Ring» erfuhr ich, dass die Pflegezulage dort weiterhin gezahlt wurde. Wie konnte das sein, wir arbeiteten doch im selben

Konzern? Ich rief bei der Gewerkschaft Verdi an und erfuhr von einer Gewerkschaftssekretärin, die zugleich im Aufsichtsrat des Unternehmens saß, dass die ungleiche Behandlung des Personals rechtens sei. Meine Kollegen hatten sich wegen dieser Frage zuvor ebenfalls vergeblich an die Gewerkschaft gewandt. Ich empfand diese Reaktion als Verrat an den Kollegen und mir. Für wen ist die Gewerkschaft eigentlich da?

Dann muss ich das eben juristisch durchsetzen, sagte ich mir. Ich schaltete einen Anwalt ein, der meinen Arbeitgeber aufforderte, die Pflegezulage zu zahlen und den Feiertag anzuerkennen. Das scheuchte die Leitungsebene auf, und der Betriebsrat erzielte mit der Geschäftsführung eine schnelle Einigung. Eine Farce, wie sich herausstellte, denn weiterhin wurden Feiertage in die Sollarbeitszeit eingerechnet, zum Beispiel der 3. Oktober, der Tag der Wiedervereinigung. Und so musste ich diesen Feiertag zu guter Letzt doch noch einklagen.

Die Pflegezulage war von Cheffier, wie sich der Konzern inzwischen nannte, mit der Begründung abgelehnt worden, sie stünde nur «bestimmten Pflegepersonen» zu, die überwiegend mit Kranken in geriatrischen Abteilungen arbeiteten. Die Bewohner der Pflegeheime könnten nicht ohne weiteres mit den Bewohnern in den ehemaligen Krankenhausabteilungen des Konzerns gleichgesetzt werden. Ja, wo leben die chronisch kranken alten Menschen denn? Was steckte dahinter, dass mein Arbeitgeber behauptete, die Bewohner im Heim seien nicht mit jenen in den geriatrischen Abteilungen vergleichbar? Der Hintergrund ist so einfach wie zynisch: Die Pflegeheime von Cheffier erhielten nur Leistungen aus der Pflegeversicherung vergütet, nicht jedoch aus der Krankenversicherung, wie bei den Kliniken. Die Krankheit der alten Menschen rechnete sich also im Heim betriebswirtschaftlich nicht – warum sollte sie dann in der Vergütung des Personals berücksichtigt werden?

Die ungerechten Einsparungen stießen bei den Kollegen verständlicherweise auf Ablehnung. «Unsere Arbeitsbedingungen im Pflegeheim sind mindestens so hart wie die im Krankenhaus», meinte Nora, eine bedachte und zurückhaltende Altenpflegerin, die viele Entwicklungen im Heim kritisch begleitete. Sie sprach mir aus dem Herzen. «Außerdem haben unsere Leute hier doch auch Krankheiten, mit deren Folgen wir täglich zu kämpfen haben.» Sie runzelte die Stirn. «Was soll das überhaupt bezwecken, wenn sie an der Ecke sparen! Wenn ich mich nicht erholen kann, leidet irgendwann meine Gesundheit darunter. Dann wird die Pflege weiter verschlechtert, weil ich ausgelaugt und entkräftet bin.»

Um die Behauptungen des Konzerns zu widerlegen, hatte ich schließlich Dokumentation für Dokumentation durchgesehen und alle Krankheiten der Bewohner aufgeschrieben. Allein jeder zweite war an Demenz erkrankt, und drei von vieren litten unter Mehrfacherkrankungen wie Diabetes, Lungenerkrankungen, Bluthochdruck, Gelenkserkrankungen, Nierenleiden, Parkinson, Depression, Epilepsie, Herzerkrankungen und vieles mehr. Fast die Hälfte meiner Arbeitszeit brauchte ich deshalb für die Behandlungspflege.

Die Auseinandersetzung um die Pflegezulage hatte

sich fast zwei Jahre hingezogen, bis das Gericht nach einem nervenzehrenden Rechtsstreit die Geschäftsführung schließlich zur Zahlung verurteilte. Der Weg bis zu diesem Ziel hatte mich sehr viel Kraft gekostet, aber ich hatte gewonnen, was ich als große Genugtuung empfand.

Die Krankheiten der Pflegebedürftigen waren für die Geschäftsführung allerdings weiterhin kein Thema. Nie erfolgte eine systematische Untersuchung unserer Bewohner auf ihren Gesundheitszustand, was dringend notwendig gewesen wäre, denn oft wurden selbst Anzeichen einer akuten Erkrankung nicht wahrgenommen. Wie sollte das im Pflegealltag auch gehen, wenn eine Fachkraft für fünfundvierzig Menschen die juristische Verantwortung trug und keine Zeit hatte, regelmäßig den Blutdruck oder den Blutzucker zu kontrollieren? Bei dieser Unterversorgung verwundert es nicht, dass die Bewohner zum Beispiel aufgrund von starker Unterzuckerung in letzter Minute von der Feuerwehr ins Krankenhaus gebracht werden mussten – wie ich es selbst erlebt hatte.

Häufig wurden von Ärzten neue Medikamente verordnet, ich sollte dann berichten, wie das Mittel wirkte. Das war jedoch kaum umzusetzen, da ich das, was ich beobachtet hatte, auch über längere Zeit aufschreiben musste – wann sollte ich das machen? Vor allem, wenn Psychopharmaka angesetzt wurden, war eine objektive Beurteilung nicht möglich. Für uns ging es nur noch darum, ob der Bewohner endlich aufhörte zu schreien oder auf dem ihm zugewiesenen Platz sitzen blieb. Nur ein pflegeleichter Bewohner war ein guter Bewohner.

Ein alter Mensch, der immer wieder die nach Minuten getaktete Pflege störte, weil er einfach wollte, dass man ihm zuhört und ihn ernst nimmt, machte Probleme. Und für Probleme war keine Zeit.

Kontrolle ohne Wirkung

Die andauernde Anspannung, ausgelöst durch die Personalknappheit, wirkte sich immer mehr auf meinen Gesundheitszustand aus, und mit der Zeit nahmen meine körperlichen Beschwerden ernste Formen an.

Einmal recherchierte ich nach einem Spätdienst gerade im Internet, als mir plötzlich die Luft wegblieb. Ich spürte ein Stechen im Brustkorb und beklemmende Angst, die sich aber glücklicherweise nach ein paar Minuten wieder legte.

Nachdem ich die Nacht einigermaßen durchgeschlafen hatte, ging es mir am nächsten Morgen besser, was mich zunächst beruhigte. Beim Einkaufen fing ich jedoch unvermittelt an zu schwitzen, wieder bohrte sich dieser stechende Schmerz in meinen Brustkorb, und ich befürchtete, einen Herzinfarkt zu bekommen. An eine Kühltruhe gelehnt zwang ich mich, tief durchzuatmen. Nach einer Weile ließen die Schmerzen nach.

Mehrere Tage hintereinander kamen und gingen diese Attacken. Oft kam es zu richtigen Aussetzern im Herzschlag, dann geriet ich schnell in Panik und brauchte lange, um mich wieder zu fangen. Weil danach aber immer alles wieder in Ordnung zu sein schien, dauerte es ein wenig, bis ich schließlich einen Arzt aufsuchte.

«Sie haben Herzrhythmusstörungen, die durch den Dauerstress bei der Arbeit ausgelöst worden sind», offenbarte mir der Arzt nach eingehender Untersuchung. Er schrieb mich krank und verordnete mir strikte Ruhe. Aber die fand ich nicht, weil meine Gedanken selbst nach mehreren Tagen zu Hause permanent um die Arbeit kreisten. Mir schwirrte der Kopf, ich war nervös, litt unter Schlafstörungen, konnte mich schlecht konzentrieren. Fast vier Wochen brauchte ich, um einigermaßen wieder auf die Beine zu kommen.

In dieser Zeit prüfte der MDK das Heim in der Mahagoniallee und stellte Mängel in allen Bereichen fest: In dem Haus gab es nicht einmal ein Qualitätskonzept! Die Pflegedokumentation, in der alle pflegerischen Tätigkeiten und die wichtigen Angaben zu ärztlichen Verordnungen sowie Krankheiten festgehalten wurden, wurde als lückenhaft und ungenau bemängelt. Auch die Personalsituation wurde moniert. Der MDK erteilte dem Konzern Auflagen, unter anderem, dass mehr Mitarbeiter pro Schicht eingesetzt werden müssen. Für mich war das eine Erleichterung, jetzt waren die Probleme von außen erkannt und benannt worden.

Der Konzern reagierte auf seine Weise: Die Pflegedienstleiterin, jene mit den Stöckelschuhen, war bald nach dem Bekanntwerden der Prüfergebnisse von der Bildfläche verschwunden – eine konsequente Maßnahme, meinte ich –, bis ich Gerüchte hörte, sie wäre befördert worden. Ach, so geht das, dachte ich, alles herunterwirtschaften und dann die Treppe nach oben fallen! Aber wer weiß, vielleicht würde sich nach dem Prüfbericht endlich etwas ändern?!

Ende April ging ich wieder arbeiten, und gleich an meinem ersten Tag ging es hoch her. Herr Grunow hielt die gesamte Etage in Atem. Der 70-jährige Künstler hatte vor Jahren einen Schlaganfall erlitten und musste nun mit einer Halbseitenlähmung leben, dazu trug er einen Herzschrittmacher und litt an hohem Blutdruck. Sein Zimmer sah chaotisch aus, das mochte er so, viele Bilder standen herum, Pinsel, Farben, eine Staffelei, eine Schreibmaschine. Manchmal tippte er auf Letzterer Mitteilungen an uns wie: «Heute wurde wieder meine Zimmertür offen gelassen, ich möchte, dass sie zugemacht wird.» Herr Grunow sah ungepflegt aus, das war aber seine Entscheidung, er hatte seine eigene Auffassung, was Sauberkeit und persönliche Hygiene betraf. Nur selten ließ er unsere Hilfe zu und versuchte vieles alleine, obwohl er manchmal gar nicht mehr dazu fähig war. Sobald ihm etwas misslang, schrie und tobte er vor Wut.

Diesmal jagte er wie wild mit seinem Rollstuhl über die Station, was Frau Engerling starr vor Angst mitten im Flur verharren ließ. Sie war so schwer an Alzheimer erkrankt, dass sie in der Regel weder wusste, wer sie war, wo sie sich aufhielt und welche Zeit wir hatten, noch, was sie in der jeweiligen Situation tun sollte. So irrte sie Tag für Tag über die Gänge und verlief sich oft in fremde Zimmer. Herr Grunow aber hatte kein Verständnis dafür, dass sie ihm den Weg verstellte, und schrie die verängstigte Frau an. Im nächsten Moment hatte er sie schon grob angefasst und den Flur entlanggeschubst.

Als ich das sah, lief ich schnell zu Frau Engerling

und brachte sie in ihr Zimmer. Ein schön eingerichteter Raum, an dem zu sehen war, dass sie früher sehr viel Wert auf eine gepflegte Umgebung gelegt hatte. Ihr Kleiderschrank war verschlossen, und der Schlüssel war versteckt, sonst warf sie ihre ganze Garderobe auf den Boden. Ich hatte kein gutes Gefühl dabei, dass Frau Engerling nicht an ihre Sachen kam, und fand, dass sie all das tun sollte, was sie noch konnte, auch wenn uns manches davon nicht sinnvoll erschien. Was ist schon sinnvoll für einen Menschen, der alles vergessen hat?

Als Praktikantin hatte ich mich beschwert, weil die Sachen einer Bewohnerin weggeschlossen wurden, und nun? Jetzt war ich selbst in der Situation, dass ich das Abschließen befürwortete, weil wir zu wenig Personal zum Aufräumen hatten. Ich bin der Meinung, dass jemand in der Lage von Frau Engerling nicht allein gelassen werden dürfte. Die Frau müsste spüren, dass es Menschen gibt, die sich gern in ihrer Nähe aufhalten. An Alzheimer Erkrankte bemerken genau, ob sie gemocht werden oder nicht. Man braucht jedoch Zeit und Raum, um diese in ihrer Welt versunkenen Menschen zu verstehen. Manchmal reicht ein Blick oder einfach, dass man ihre Hand hält, um ihnen etwas Wärme und Geborgenheit zu geben.

Aber was sollte ich jetzt mit Frau Engerling machen? Es warteten mehrere Bewohner auf mich, die nicht alleine essen konnten, ich musste noch Medikamente vorbereiten, den Hausarzt anrufen, und Frau Matuschek klingelte auch schon wieder. Also nahm ich Frau Engerling bei der Hand und führte sie auf die fünfte Etage in den Aufenthaltsraum, dort hatte ich sie etwas besser unter Kontrolle, da das Dienstzimmer nur wenige Schritte entfernt lag. Ich hoffte, dass sie nicht mehr umherlief – und dabei womöglich in den Fahrstuhl stieg. Dann konnte ich sie im gesamten Haus suchen. Was, wenn sie auf die Straße lief? Womöglich von einem Auto erfasst würde? Auch Frau Engerling war in dem Heim nicht gut untergebracht.

Der Spätdienst verlief danach ohne weitere Zwischenfälle. Ich arbeitete Zimmer für Zimmer ab. Mund auf, Essen hinein, Windel ritsch, ratsch an. Ich hob und trug die Menschen, bis mir der Rücken so sehr schmerzte, dass ich innehalten musste, aus Angst, mir einen Bandscheibenvorfall zu holen. Was wäre, wenn ich durch das jahrelange schwere Heben nicht mehr als Altenpflegerin arbeiten könnte? Gäbe es dann für mich eine Stelle mit einer leichteren Tätigkeit im Unternehmen? Ich musste an eine Kollegin aus dem «Lebowski-Ring» denken, die ihre Rückenschmerzen durchgehend mit Tabletten betäubt hatte, und fragte mich, warum es vom Unternehmen billigend in Kauf genommen wurde, dass gerade Frauen so schwer heben müssen.

Bald wurde mir klar, dass ich die Arbeit nach meiner schweren Erkrankung zu früh wieder aufgenommen hatte, denn in Stresssituationen bekam ich immer wieder Herzrhythmusstörungen. Der MDK-Bericht war zu meinem großen Ärger beinahe folgenlos geblieben, lediglich nachts waren wir jetzt eine Pflegekraft mehr. Ich begann mich zu fragen, ob ich mich überhaupt noch einmal regenerieren würde.

Eines Morgens wachte ich auf und fing sofort an zu

weinen, ich drehte mich um und wollte nie mehr aufstehen. Diesmal suchte ich gleich meinen Arzt auf, der
mich an einen Psychologen überwies. Mit seiner Hilfe
versuchte ich, Klarheit über meine Situation zu gewinnen. Nach den Gesprächen diagnostizierte er bei mir
eine Depression. Weil ich als Frau und Mutter die mir
gestellten Aufgaben nicht erfüllte, plagten mich Gefühle
der Unzulänglichkeit; ich dachte, dass ich im Leben auf
ganzer Linie versagen würde. Damals ging es immer nur
darum, warum ich die Aufgaben nicht schaffte, aber die
Ursachen meiner verzweifelten Lage blieben ungeklärt.
Niemand brachte mich auf die Idee, dass die Hürden
durch unerfüllbare Anforderungen und Erwartungen
vielleicht so hoch gelegt waren, dass ich «scheitern»
musste. Männer werden selten so in die Enge getrieben
– oder lassen das nicht zu?! Besonders schlimm finde
ich es, wenn ich Sätze höre wie: «Heute sind die Frauen
verwöhnt und faul. Früher mussten sie viel schwerer
arbeiten und zogen nebenher noch die Kinder auf.»

Erneut kamen mir Zweifel, ob ich meinen Beruf
weiter ausüben sollte. Es erschien verlockend, einfach
auszusteigen, zumal die Chancen, für berufsunfähig
erklärt zu werden, gut standen. Dann hätte ich mich
nicht mehr mit dem schlechten Gewissen wegen der
vernachlässigten Bewohner herumschlagen müssen.
Alles würde ich hinter mir lassen und neu anfangen.
Aber das konnte und wollte ich nicht. Mir fehlte die
Kraft, einen neuen Beruf zu finden, wo ich wieder ganz
am Anfang gestanden hätte. Meine Arbeit mit den alten
Menschen machte ich gut, und der Umgang mit ihnen
bereitete mir grundsätzlich Freude. Es fehlten nur die

Zeit und der Raum, um gemeinsam mit den Kollegen, den Angehörigen und den alten Menschen etwas zu verändern.

Ich raffte mich wieder auf und beschloss, in meinem Beruf zu bleiben, um genau da anzusetzen. In Zukunft würde ich mich schlau fragen, wer mir weiterhelfen könnte.

Frau Schreiber soll Ordnung schaffen

Mitte des Jahres trat eine neue Pflegedienstleiterin ihren Dienst an, die Bewegung in die gewohnten Strukturen bringen sollte: Frau Schreiber, rothaarig, klein und kräftig gebaut. Wenn sie über den Flur kam, erkannte ich sie schon von weitem an den laut klappernden Absätzen. Sie würde die Pflegequalität in der Mahagoniallee auf Vordermann bringen, lautete ihre eindeutige Ansage. Ambitioniert ging sie ihre Aufgabe an – diese Tatkraft brauchte sie auch, denn sie sollte mit dem vorhandenen Personalumfang alle Auflagen des MDK erfüllen. Zwar wurden neue Altenpfleger auf Zeit eingestellt, dafür fielen aber die Mitarbeiter vom Sozialamt weg. Zusätzliche Leasingkräfte füllten die seinerzeit nicht besetzten Stellen aus. Aber ich fand nicht mehr Zeit als vorher für direkte Zuwendung oder Aktivitäten mit den Bewohnern, weil der Aufwand für das Ausfüllen der Formulare stieg. Das nahm Frau Schreiber nämlich als Erstes in Angriff und schwor die Mitarbeiter darauf ein: Ordnet die Pflegedokumentation und schließt die Lücken darin!

Wenn ich aber noch nicht einmal Zeit hatte, die Bewohner zu versorgen, wie sollte ich sie mir dann erst für den zeitaufwendigen Schreibkram nehmen? Meinen Einwand ließ Frau Schreiber nicht gelten, es gehöre zu den Auflagen des MDK, die Pflegedokumentation ordentlich zu führen, und wenn das nicht der Fall sei, stünde der Versorgungsauftrag auf dem Spiel.

Gleich mehrmals sprach mich Frau Schreiber an, ob ich Leitungsfunktionen im Heim übernehmen wolle. Eines Tages schlug sie mir vor, als neue Qualitätsbeauftragte zu arbeiten. Meine Aufgabe hätte hauptsächlich darin bestanden, zu überprüfen, ob die Pflegedokumentation vollständig wäre. Das klang gar nicht schlecht, doch instinktiv spürte ich, dass etwas an diesem Angebot nicht stimmte. Ich müsste meine Kollegen kontrollieren und ihnen auf die Füße treten, wenn sie nicht alle Formulare ausgefüllt und unterschrieben hätten, und ihnen damit Arbeiten abverlangen, die sie unter dem enormen Zeitdruck gar nicht erbringen konnten.

Außerdem fragte ich mich, von welcher Qualität Frau Schreiber eigentlich sprach. Bestand für sie Qualität in der Pflege darin, dass die Bewohner viermal am Tag zu essen bekamen und dreimal frisch mit Windeln versorgt wurden? Hauptsache, satt und sauber? Als «Qualitätsbeauftragte» hätte ich vor allem dem Papier, also der Abrechnung für die Kassen, gedient, nicht aber den Menschen. Also entschied ich mich gegen das Angebot. Viele sagten mir nach meiner Entscheidung: «Du bist doch doof, dann könntest du doch eine ruhige Kugel schieben!»

Nein, ich konnte und wollte nicht irgendeinen Bürokratieposten bekleiden, denn die ganze Pflegestruktur war und ist morsch. Ich lehne die Pflegeversicherung bis heute ab, weil sie lediglich eine «Teilkasko» ist, die anfallende Kosten für die Pflege nicht voll abdeckt, sondern den Bewohnern oder dem Sozialamt einen beträchtlichen Anteil aufbürdet. Auch die zugrunde gelegten Personalschlüssel sind zu gering, um eine gute Pflege sicherzustellen, stattdessen wird ein Modell der Minutenpflege finanziert, das die Missstände in den Heimen noch weiter verschärft. Für mich war klar, dass ich in diesem System keine leitende Funktion übernehmen wollte.

Frau Schreiber blieb indes ihrer Ansage, frischen Wind in das Heim bringen zu wollen, treu: Eine Dienstanweisung jagte die nächste. Im Herbst erhielt ich meine erste Stellenbeschreibung und staunte nicht schlecht, für was ich alles verantwortlich sein sollte. Als Pflegefachkraft trug ich nun die Mitverantwortung für die Qualität der pflegerischen, sozialen und hauswirtschaftlichen Leistungen im Heim «unter der Berücksichtigung der individuellen Bedürfnisse der Bewohner, des Versorgungsauftrags des Trägers und den Zielen der Unternehmensleitung». Dabei wurde die «Wertschätzung und Beachtung der Selbstpflegefähigkeiten sowie der Selbstbestimmung der Bewohner» verlangt, außerdem waren die Wünsche von Angehörigen und Freunden bezüglich der Pflege zu berücksichtigen, dazu die gesetzlichen Vorgaben, das Pflegeleitbild und diverse Richtlinien.

Mit dem vorhandenen Personal konnten wir nicht einmal die pflegerische Grundversorgung absichern –

wie sollte ich dann diese Vorgaben erfüllen? Ich fühlte mich verspottet, da die Geschäftsführung sich bisher nicht gerade dadurch hervorgetan hatte, sich an den individuellen Interessen der Pflegebedürftigen zu orientieren, sondern an Effizienz und möglichst guten Bilanzen. Sonst hätten sie wohl mehr Mitarbeiter eingestellt, oder?

Die organisatorischen Veränderungen sorgten unter den Kollegen für Gesprächsstoff. Einige debattierten und suchten nach Lösungen, andere unterschrieben die neuen Richtlinien bzw. Stellenbeschreibungen sofort, ohne Kommentar. Als ich Frau Schreiber meine Bedenken vortrug, entgegnete sie, wenn ich damit nicht einverstanden sei, könne ich das Unternehmen ja verlassen. Danach hörte sie mir überhaupt nicht mehr zu, sondern verwies darauf, dass sie als Pflegedienstleiterin auch nur angestellt sei und die Anweisungen von oben befolge.

Der Betriebsrat fühlte sich für unsere Belange ebenfalls nicht zuständig: «Ob zu wenig Personal da ist oder nicht, haben wir nicht zu prüfen», erfuhr ich auf Nachfrage. Wer war denn sonst unser Ansprechpartner für dieses Problem?

Im Team diskutierten wir vermehrt, ob wir eine Überlastungsanzeige schreiben sollten, mit der wir unsere Vorgesetzten und Arbeitgeber über die unhaltbaren Zustände informieren wollten. Sie ist eine Möglichkeit zur rechtlichen Absicherung der Mitarbeiter. Aber trotz aller Unruhe und Diskussionen passierte damals nichts, letztlich unterschrieben alle die neuen Stellenbeschreibungen, auch ich. Die Unzufriedenheit im Haus wuchs danach von Tag zu Tag, ebenso der Krankenstand, weshalb ich dauernd mit einer anderen Leasingkraft arbeitete, der ich dann immer wieder aufs Neue die Abläufe erklären musste.

Das eingeführte Bezugspflegesystem – jeder Pflegekraft waren im Schnitt acht Bewohner zugeteilt worden – war an sich sinnvoll, weil es den persönlichen Kontakt zwischen Pflegekräften und Bewohnern stärkte. Aber leider klappte das nur in der Theorie, da es nicht bedeutete, dass ich mich in meiner jeweiligen Schicht ausschließlich um acht Menschen kümmern konnte. Nein, es kam sogar häufig vor, dass ich «meine Bewohner» für eine ganze Woche nicht sah, weil ich auf anderen Stationen eingesetzt wurde. Trotzdem trug ich bei jenen acht zusätzlich die Verantwortung für die «Steuerung des Pflegeprozesses», das heißt, dass ich jeweils in Zusammenarbeit mit dem Bewohner und seinen Angehörigen «unter Beachtung der Wirtschaftlichkeit» folgende Abläufe organisieren und beaufsichtigen sollte: zunächst die Pflegediagnostik, dazu waren die Probleme und Fähigkeiten der Bewohner sowie der konkrete Pflegebedarf festzustellen. Auf Basis der Diagnostik erfolgte die Planung der pflegerischen Maßnahmen, wozu auch die Pflegesupervision gehörte, also die Beratung, Anleitung und Aufsicht der Personen, die laut Planung an der Pflege der Bewohner beteiligt waren. Zur Kontrolle und Sicherung der Qualität war eine Evaluation gefordert, die insbesondere aus der Überprüfung der erbrachten Pflegeleistung bestand.

Auf dem Papier las sich das recht schlüssig, doch wie sollte ich bei dem häufigen Einsatz auf anderen

Stationen, der dünnen Besetzung und immer wieder wechselnden Leasingkräften die Aufsicht führen? Was würde es für mich bedeuten, wenn einer «meiner» Bewohner durch die Unterversorgung oder durch fehlerhafte Pflege zu Schaden käme? Wurden Bewohner unter dem Zeitdruck vernachlässigt, konnte dies als unterlassene Hilfeleistung geahndet werden. Beim Hochziehen von Bettengittern ohne richterliche Genehmigung handelte es sich um Freiheitsberaubung. Wenn Kürzel in die Dokumentation eingetragen wurden, ohne die Pflegeleistung erbracht zu haben, konnten wir Pflegekräfte wegen Urkundenfälschung zur Rechenschaft gezogen werden. Und falls ein Bewohner beim Umsetzen stürzte, war dies möglicherweise ein Fall von Körperverletzung. Eines war klar: Falls etwas passieren würde, interessierte einen Richter nachher nur das, was auf dem Papier stand. Mein Arbeitgeber könnte die Schuld schnell von sich weisen, er hatte mit der Stellenbeschreibung juristisch vorgesorgt.

Meine häufigen Nachfragen bezüglich der Pflegemängel und die aktuelle Kritik an den erschwerten Arbeitsbedingungen zeigten offenbar Wirkung, allerdings in einer Weise, mit der ich nicht gerechnet hätte: Im Herbst musste ich fünf Wochenenden hintereinander arbeiten, was ich als Maßregelung der Pflegedienstleiterin Frau Schreiber empfand. Besonders ihre Reaktion auf meine Bitte, mir wegen der Kinder ein Wochenende zur Regeneration freizugeben, machte mich stutzig. Mein Sohn durchlebte damals wegen der Epilepsie eine schwierige Phase, und ich musste mit ihm zu mehreren Untersuchungen ins Krankenhaus. Frau Schreiber reagierte auf meine Bitte eiskalt: «Andere haben auch Kinder und müssen diese Probleme lösen.» Seltsam, bei denen nahm sie allerdings mehr Rücksicht, wie ich von Kollegen erfuhr.

Zu Hause versuchte ich, einen klaren Gedanken zu fassen, aber es gelang mir nicht. Ich fühlte mich der Willkür von Frau Schreiber ausgeliefert. Schutzsuchend legte ich mich ins Bett, zog die Decke über meinen Kopf und flüchtete mich in Phantasien, bis ich irgendwann einschlief.

Weihnachten stand vor der Tür. Nun arbeitete ich gerade ein Jahr in der Mahagoniallee und fühlte mich ausgebrannt und leer. Ein Gefühl, das ich gar nicht mehr loswurde. Manchmal, wenn ich nachts allein auf Station war, dachte ich, das müssen die Menschen da draußen erfahren! Es gab ja immer wieder Berichte über Missstände im Pflegebereich, dann wurden Bilder von halbverhungerten Menschen gezeigt. Nach diesen Sendungen waren die Empörung und die Betroffenheit für ein, zwei Tage lang groß, aber ändern tat sich nichts. Im Nachhinein war es, als ob niemand die Beiträge gesehen hätte.

Wenn ich in der Familie oder mit Freunden über meine Sorgen redete, wurde mir oft gesagt: «Mach deine Arbeit und geh nach Hause, du kannst sowieso nichts ändern. Du verdienst gegenüber anderen nicht schlecht. Kümmere dich um deine Kinder, geh bummeln und schalte einfach ab.» Wie oft hatte ich das versucht, gerade jetzt in der Adventszeit, die doch so besinnlich für alle sein soll. Aber immer wieder gingen mir die Bilder von den alten, vernachlässigten Menschen durch den Kopf, und mich überkam ein beklemmendes Gefühl.

Ich fragte mich, wie die Verantwortlichen Weihnachten feiern konnten, obwohl sie wussten, was bei uns im Heim ablief. Wo war denn der in der Stellenbeschreibung formulierte Anspruch der «Wertschätzung dem Bewohner gegenüber» verwirklicht?

In den letzten Dezembertagen saß ich zu Hause und dachte wieder einmal darüber nach, wie es für mich weitergehen könnte. Ich hatte mich sehr verändert, irgendetwas in mir war zerbrochen. Dieses Gefühl begleitete mich jeden Tag. Es musste etwas passieren. Und das tat es auch.

Ich liege hier

Ich liege hier
Hände greifen nach mir
Ich verspüre Schmerzen
Mein ganzer Körper fühlt sich feucht an
Im Gesäß verspüre ich einen immer stärker
    werdenden stechenden Schmerz
Fauliger Geruch schwebt über mir

Lebe ich noch, oder bin ich schon tot?
Ich höre Stimmen, die sehr aufgeregt sind
Sie schimpfen laut, ich höre Verbitterung und
    Verzweiflung heraus

Wir haben keine Zeit, wir haben keine Zeit
Ich würde so gerne etwas sagen, aber ich habe keine
    Stimme mehr

Wie bekannt kommt mir das vor
Ich selbst stand einmal am Bett und sagte mit
    verzweifelter Stimme:
Wir haben keine Zeit, wir haben keine Zeit

Ich schlage die Augen auf und sehe in müde,
    gehetzte Gesichter
Wie gut kann ich euch verstehen
Wenn ich reden könnte, würde ich euch sagen,
    dass nicht ihr an diesen Missständen schuld seid
Wenn ich aufstehen könnte, würde ich mit euch

auf die Straße gehen und gegen Ausbeutung und
Unterdrückung kämpfen

Wenn ihr menschenwürdig leben wollt,
dann müsst ihr für eure Rechte kämpfen

Brigitte Heinisch

ÜBERLASTET

Schockierend und aufrüttelnd zugleich wirkte das Protokoll der Leitungssitzung vom 13. Januar 2003, das den Kollegen und mir auf den Tisch gelegt wurde. An diesem Tag war entschieden worden, dass ab Mitte Januar bis auf weiteres kein Leasingpersonal mehr zur Verfügung stehen sollte. Der Hintergrund: Der Einsatz der Leiharbeitskräfte, mit denen die schlimmsten Engpässe notdürftig abgemildert wurden, war zentralisiert worden. In Zukunft musste für jede einzelne Inanspruchnahme dieser Kräfte vorher die ausdrückliche Genehmigung der Pflegedirektion vorliegen – für den Fall, dass diese fehlen sollte, kündigte die Direktorin die «Nichtbezahlung der betreffenden Rechnung» an. Die Kosten sollte dann die Pflegedienstleiterin oder am Wochenende die Fachkraft, die ungenehmigt Leasingpersonal angefordert hatte, persönlich tragen!

Unsere Heimleitung machte keinen Hehl daraus, dass sie sich der negativen Folgen dieser Personalkürzungen vollkommen bewusst war. In dem Protokoll hieß es, da «aufgrund dessen auf den Stationen Personal fehlt, wird Pflegequalität verloren gehen, Pflegevisiten nicht mehr möglich sein. Prioritäten für schlecht besetzte Dienste sind: Wundversorgung, Medikamente stellen und verteilen, Inkontinenzversorgung und Essen und Getränke verteilen. Im Pflegebericht darf Personalmangel nicht erwähnt werden. Aber der Wortlaut: ‹Aus innerbetrieblichen Gründen sind derzeit nur Teilwaschungen möglich.›»

Was verlangten sie von uns? Dass ich unter den Personalkürzungen zu leiden hätte, weil auf die fest Angestellten noch mehr Arbeit zukam, war ja schlimm genug, aber nun wurde ich auch noch offiziell und scheinbar ohne jede Skrupel dazu aufgefordert, die Missstände zu vertuschen! Ich konnte nicht fassen, dass wir die Pflegedokumentation schönschreiben sollten. Wie froh war ich jetzt, dass ich den Job als Qualitätsbeauftragte abgelehnt hatte, denn dann hätte ich diese Direktive, die mir gründlich gegen den Strich ging, sogar persönlich durchsetzen müssen.

Nur acht Monate nach der MDK-Prüfung war unsere Situation somit noch schlechter als zuvor, nicht bloß im Nachtdienst, wo drei Mitarbeiter mehr als 150 Senioren versorgen mussten – auch die anderen Schichten wurden gnadenlos ausgedünnt.

«Ich weiß nicht mehr, wie es weitergehen soll», meinte Nora zu mir, als wir uns im Dienstzimmer begegneten, «heute ist mir Frau Matuschek beim Umsetzen fast gestürzt, ich habe keine Kraft mehr. Was mache ich bloß, wenn wir jetzt noch weniger Personal sein werden?» Auch ich fragte mich, wie wir das schaffen sollten. «Ich hatte gerade angefangen, immer, wenn ich im Nachtdienst etwas Zeit hatte, die Dokumentation für die Bezugspflege in Ordnung zu bringen. Das kann ich jetzt knicken», stöhnte ich. Nora lächelte süßsauer: «Dann kreuz die Leistungen eben ab und lass den Rest sein, du kannst dich ja nicht vierteilen.» Das bereitete mir Bauchschmerzen. «Aber sobald der Versorgungsauftrag wegen der Lücken in der Doku in Gefahr wäre, würde mir die Geschäftsführung ohne mit der Wimper zu zucken meine Stellenbeschreibung unter die Nase halten und mit Konsequenzen drohen.» Meine Kollegin stimmte mir resigniert zu.

Viele Kollegen waren ratlos, manche wütend, das Wort «Streik» machte die Runde. Aber durften wir ohne gewerkschaftlichen Beschluss streiken? Und könnten wir alle im Haus dafür gewinnen? Ich hatte von Streik und Arbeitskämpfen keine Ahnung. Es erschien mir auch etwas hoch gegriffen und stand im Widerspruch zu dem, was ich eigentlich wollte: mich um die Pflegebedürftigen kümmern, so wie sie es benötigten und wünschten. Schnell fand ich heraus, dass wir nur in Tarifauseinandersetzungen streiken dürfen, nachdem Verhandlungen gescheitert sind.

Nach tagelanger Diskussion beschlossen wir deshalb, eine Überlastungsanzeige zu schreiben, in der wir uns speziell auf Paragraph 16 des Arbeitsschutzgesetzes beziehen wollten. Nach diesem Paragraphen haben die Beschäftigten dem Arbeitgeber oder dem zuständigen Vorgesetzten «jede von ihnen festgestellte unmittelbare erhebliche Gefahr für die Sicherheit und Gesundheit» zu melden. Die interne Anzeige soll dazu dienen, dass die Mängel behoben werden können.

In dem Gefühl, Recht und Gesetz auf unserer Seite zu haben, formulierten wir am 24. Januar 2003 gemeinsam eine Mitteilung an die Pflegedienstleitung, die Pflegedirektorin, die Heimleitung und den Betriebsrat, in der wir die damaligen Missstände auf den Punkt brachten:

Überlastungsanzeige

Durch extrem hohen Krankenstand, Resturlaube von 2002 und Streichung bzw. extremes Einschränken der Fremdkräfte Leasing in unserer Einrichtung können folgende Punkte nicht mehr gewährt werden:

1. Bewohnerbezogene Tätigkeiten

- *Eingeschränkte Grundpflege, teilweise nur Teilwaschungen möglich, Nagelpflege und Rasieren kaum möglich.*
- *Kein Baden und regelmäßiges Duschen der Bewohner.*
- *Keine psychosoziale Betreuung.*
- *Keine aktivierende Pflege und Mobilisation.*
- *Keine ausreichende Zeit für Bewohner, eine für sie angepasste Flüssigkeit und Nahrungsaufnahme zu gewähren.*
- *Lagerung der Dekubitusgefährdeten Heimbewohner-Innen durch z. B. Dienstplanveränderungen im Nachtdienst. Eine Pflegekraft / Helfer für 4 Etagen (2 Wohnbereiche) über 90 Heimbewohner, 2-stdl. Lagern und Kontrollgänge kaum möglich [...]*
- *Transfer-Umsetzen aus und ins Bett können nicht immer zu zweit durchgeführt werden.*
- *Mangelhafte Dokumentationsführung: Pflegeplanungen können nicht erstellt bzw. aktualisiert werden.*
- *Visiten können kaum in Ruhe und individuell gewährt werden, da Pflegefachkraft teilweise alleine pro Schicht arbeitet + Pflegehelfer.*
- *Medikamente stellen und Verabreichen dieser, Ein-*

holen ärztlicher Verordnungen und Bestellungen fehlender Medikamente.

- *Eingeschränkte Zeit in der Behandlungspflege. Diese Tätigkeiten werden oft nicht in einer Schicht geleistet, wodurch der Folgedienst dieses erledigen muss, bzw. entstehen in dieser Schicht Schiebungen von Leistungen, die fortlaufend so weitergehen. BewohnerInnen müssen teilweise extrem lange warten, um versorgt zu werden [...]*

In der Überlastungsanzeige machten wir in Punkt 2 außerdem deutlich, in welcher Weise das Personal unter den strukturellen Veränderungen litt. Manche hatten bis zu 77 Mehr- und Überstunden aus dem Vorjahr angesammelt, die sie nicht ausgleichen konnten – trotzdem wurde von uns erwartet, länger zu bleiben oder Dienste zu übernehmen.

Am Schluss stellten wir fest, dass wir «die Verantwortung ablehnen für die Folgereaktionen, die aus solchen Bedingungen entstehen».

Alle acht Mitarbeiter aus dem Wohnbereich 4 unterzeichneten diese Überlastungsanzeige, sogar die befristet Beschäftigten zogen mit, weil sie sehr wütend darüber waren, dass sie trotz des großen Personalmangels immer nur für ein halbes oder ein Jahr übernommen wurden. Ich konnte gut nachvollziehen, wie sich diese Mitarbeiter fühlten: immer die Arbeitslosigkeit vor Augen, nie über ein paar Monate hinaus das Leben planen können, das musste schrecklich sein! Umso beeindruckender fand ich den Mut der Kollegen.

Nachdem ich unterschrieben hatte, fühlte ich mich

richtig frei! In den Monaten davor war ich mit meinen Zweifeln und Gewissenskonflikten allein gewesen, doch jetzt hielt das Team zusammen und setzte sich gemeinsam zur Wehr. Die Tatsache, dass ich dem hohen Verantwortungsdruck nicht mehr alleine ausgesetzt war, erleichterte mich sehr − zuvor hatte ich es nicht für möglich gehalten, dass sich alle im Wohnbereich mit ihrer Kritik so weit nach vorne wagen würden. Jetzt lag es für mich einmal mehr auf der Hand: Nicht das Personal trug die Verantwortung für die Zustände im Heim, sondern diejenigen, die zu wenig Kräfte einplanten. Alle Kollegen hofften, endlich Gehör zu finden, damit sich die Arbeits- und Pflegebedingungen grundlegend verbessern würden.

Nie werde ich vergessen, was dann geschah. Ein paar Tage nachdem wir die Überlastungsanzeige gestellt hatten, kam Frau Brüggemann, die Pflegedirektorin, mit wehenden Fahnen in die Einrichtung. Unsere Wohnbereichsleiterin, die mit unterschrieben hatte, musste zum Gespräch ins Büro, wo die Direktorin ein Theater erster Güte veranstaltete. Sie beschuldigte Frau Schreiber, die ebenso in der Runde saß und als vorgesetzte Pflegedienstleiterin für den reibungslosen Ablauf im Heim zu sorgen hatte, sie könne das Personal nicht führen, denn so ginge man doch nicht mit seinen Mitarbeitern um. Der Einwand von Frau Schreiber, dass sie schlichtweg mehr Leute benötige, wurde mit der Aussage abgeschmettert, dass sie dafür Sorge tragen müsse, die Dienste ausreichend zu besetzen. Punkt. Wie absurd diese Argumentation war, schien der Direktorin nicht aufzufallen. Alles wurde auf die mittlere Führungsebene abgeschoben. Würde Frau Schreiber den Druck erneut nach unten weitergeben, oder würde sie sich diesmal wehren?

Zermürbungstaktik

Wenn ich heute an diese Zeit zurückdenke, bin ich mir sicher, dass die Überlastungsanzeige für die Geschäftsführung ein Speerwurf war, der sie mitten ins Herz traf. Das Personal eines Wohnbereichs kritisierte geschlossen die Personalkürzungen – was wäre, wenn dieser Widerstand auf das ganze Haus oder sogar auf andere Heime, die von den Kürzungen ebenso betroffen waren, übergreifen würde?

Welches Potenzial darin lag, habe ich damals nicht geahnt, und theoretisch hätte dies für die Leitung ein Grund sein können, die Bedenken des Personals ernst zu nehmen und uns entgegenzukommen. Die Strategie des Konzerns war jedoch eine ganz andere: Wenige Wochen nach dem pompösen Auftritt von Frau Brüggemann bekamen wir zu spüren, was die Leitung wirklich von unserer Anzeige hielt: Unser Arbeitsbereich wurde vergrößert und unser Team durchmischt, die Wohnbereiche im Haus wurden von vier auf drei zusammengelegt. Jetzt mussten die Pflegekräfte zum Teil über drei Etagen hetzen.

Unter den gegebenen Umständen konnte ich diese Maßnahme des Managements nur als Einschüchterungsversuch interpretieren – was die meisten Kollegen ganz genau so sahen.

Somit war bald klar, dass sich auch nach unserer Überlastungsanzeige rein gar nichts verbessern würde. Die erhoffte Unterstützung von Frau Schreiber blieb aus, denn sie befolgte weiter brav die Order von oben, wir hingegen mussten noch mehr schuften als zuvor. Der überwiegende Teil der Kollegen resignierte, und eine beklemmende Stimmung machte sich breit. Die Phase, in der wir uns einig waren und als Team gemeinsam handelten, währte nur kurz. Heute denke ich, dass unsere Unerfahrenheit im Kampf um Arbeitnehmerrechte der Direktion gerade recht kam – sowie der Umstand, dass uns nicht einmal der Betriebsrat unterstützte. Derart isoliert war es ein Leichtes, uns zu spalten.

Auch ich war maßlos enttäuscht. Da hatte ich meinen Anspruch bereits so weit heruntergefahren, dass mir eine «Satt und sauber»-Pflege ausgereicht hätte, aber selbst diese Grundversorgung scheiterte am Sparwahn des Unternehmens.

Als ich zu einer meiner nächsten Spätschichten das Dienstzimmer ansteuerte, war meinen vier Kollegen vom Frühdienst der Stress sofort anzusehen. Für verständnisvolle Worte fand ich aber keine Zeit, die Übergabe musste schnell gehen, und so sprachen wir nur über das Notwendigste.

Mir war mulmig zumute. Es blieb immer viel vom Frühdienst liegen, weil die Arbeit nicht zu schaffen war. Heute hatte es auch noch einen Notfall gegeben, der viel Zeit in Anspruch genommen hatte. Somit war eine Kraft komplett ausgefallen, weil sie den Arzt bestellen, die Angehörigen verständigen und sich gleichzeitig um den Bewohner kümmern musste. In dieser Zeit mussten «ihre» Pflegebedürftigen von den anderen Kräften mitversorgt werden. Nach alledem war bei einigen Bewohnern die Morgentoilette erst gegen Mittag erfolgt, und die alten Menschen hatten über Stunden in den Exkrementen der Nacht liegen und in diesem Zustand auch frühstücken müssen. Derlei geschah in jüngster Zeit sehr oft. Die verschlechterte Pflege blieb auch den Angehörigen nicht verborgen; diese wandten sich zunehmend an die Heimleitung, manche kündigten sogar an, dass sie «andere Stellen» informieren würden. Dass Mitarbeiter *und* Angehörige den MDK und andere Kontrollbehörden informieren wollten, weckte in mir die Hoffnung, dass sich doch etwas ändern könnte.

Immer wieder spürte ich mein Aufbegehren gegen die Vernachlässigung der Bewohner. Abgesehen von der dahinterstehenden menschlichen Missachtung konnte das Vorgehen der Heimleitung doch auch nicht legal sein: Schließlich wurden den Angehörigen und den Kassen Leistungen vorgegaukelt und abgerechnet, die gar nicht erbracht worden waren.

Einige meiner Kollegen wollten sich den unmenschlichen Zuständen genauso wenig wie ich anpassen. Andere wiederum versuchten durchaus, ihr Fähnchen nach dem Wind zu drehen, vielleicht in der Hoffnung, dass sie dadurch bevorzugt behandelt würden. Seitdem unser Wohnbereich erweitert worden war, hatte sich die Stimmung im Team verändert. Zunächst war das nur an kleineren Zeichen zu erkennen, wie dem distanzierten Tonfall in der Begrüßung oder dem schnellen Abwenden des Blicks, wenn ich einer Kollegin in die Augen sah. Besonders unangenehm fiel mir dies bei Marianne auf, die ich manchmal mit Frau Schreiber tuscheln sah, wobei mich beide abfällig beobachteten.

Diese Masche kannte ich schon, trotzdem fühlte ich mich gekränkt und angegriffen. Auf solche Spielchen wollte ich mich eigentlich gar nicht einlassen, doch bald darauf erfuhr ich von Kollegen, dass über mich gesprochen wurde und Marianne mich als «Störenfried» bezeichnet habe. Das ging eindeutig zu weit! Im Team hatte es immer wieder Unstimmigkeiten gegeben, aber die wurden dann untereinander geklärt. Dass hintenrum über mich gelästert wurde, wollte ich nicht auf mir sitzenlassen und stellte Marianne zur Rede: «Was erzählst du eigentlich über mich? Stimmt es, dass du behauptest, ich wäre ein Störenfried?» Sie zögerte einen Moment. «Das ist nicht der richtige Ausdruck, ich habe eher ein Problem mit deiner, sagen wir mal, korrekten Arbeitsweise. Die wird dir noch viel Ärger einbringen.»

Ich traute meinen Ohren nicht: Ihre Aussage klang fast schon wie eine Drohung. Was war passiert? Hatten wir nicht noch vor kurzem gemeinsam eine Überlastungsanzeige unterschrieben?

Die Angst vor möglichen Schikanen ließ mich nicht mehr los, erst in meinem Frühjahrsurlaub konnte ich manchmal abschalten und erholte mich etwas. Als ich danach wieder zurück zur Arbeit kam, waren die Fenster von Etage 1 weit geöffnet, und aus einem heraus begrüßte mich eine Kollegin: «Hallo, Brigitte, du arbeitest heute Nacht auf unserer Etage.» Was war denn nun schon wieder? Meine Erholung war sofort verflogen.

Im Dienstzimmer wurde mir ein Schreiben der Pflegedienstleitung unter die Nase gehalten. Weil die Personalstärke auf der ersten Etage nicht mehr ausreichte, mussten Mitarbeiter aus den Wohnbereichen 2 und 3 aushelfen – und ich musste gleich am ersten Arbeitstag ins kalte Wasser springen, denn die Bewohner dieser Bereiche kannte ich kaum.

Die Kollegen vom Spätdienst dort hatten trotz ihrer knappen Zeit einen Laufzettel geschrieben, auf dem stand, wer welche Pflege benötigte. Was ich dann während der Arbeit sah, verschlug mir die Sprache, denn die alten Menschen befanden sich in einem noch hilfloseren und schlechteren Zustand als in unserem Wohnbereich. Ein Großteil von ihnen war hochgradig dement und bettlägerig. Die meisten brauchten eine Inkontinenzversorgung, also Windelwechsel – zweimal die Nacht, und jeder zweite von ihnen musste regelmäßig gedreht werden. Weil meine Kollegen scheinbar so überlastet waren, dass sie die bettlägerigen Pflegebedürftigen nicht mehr regelmäßig umlagern konnten, waren in vielen Fällen Dekubiti entstanden. Dieser Anblick machte mich sehr betroffen, und ich versuchte, mich innerlich zu distanzieren. Ich vollzog meine Arbeit rein mechanisch. Dabei spürte ich, wie ich emotional erstarrte – ich fühlte gar nichts mehr.

Am nächsten Morgen rief ich gleich die Pflegedienstleitung an, um sie über die Mängel zu informieren. «Frau Schreiber, ich habe heute Nacht überraschend im Wohnbereich 1 gearbeitet, der Zustand vieler Bewohner dort erfordert mehr Zeit, als ich in der Nacht habe. Wie soll das gehen, wenn ich keine Einarbeitung bekomme?», fragte ich. «Was wollen Sie denn, Frau Heinisch, wenn eine Leasingkraft das schafft, sollten Sie das doch erst recht können», hielt sie mir schnippisch entgegen. «Ich bin aber keine Leasingkraft, sondern fest angestellt, mit einer eindeutigen Stellenbeschreibung. Als Bezugspflegerin trage ich die Verantwortung für meine Bewohner.» Darauf ging sie nur vordergründig ein: «Der Krankenstand ist weiterhin sehr hoch, und ich sehe mich leider nicht in der Lage, für mehr Personal zu sorgen.»

Sollte das heißen, die Altenpfleger seien selbst schuld an der katastrophalen Unterversorgung, weil sie so oft krank wurden? Es war doch die Kürzungspolitik, die einen zermürbte und zu den Erkrankungen führte, was den Zeitmangel erneut verschärfte.

Obwohl es kaum mehr möglich erschien, verschlimmerte sich der Zustand der Bewohner noch weiter. Im Nachtdienst musste ich für Frau Dörpfeld den Bereitschaftsarzt rufen, weil sie zusätzlich zu dem Dekubitus auf dem Rücken einen starken Hautausschlag entwickelt hatte und ihre Extremitäten völlig mit Wasser angefüllt waren. Der Notarzt, der in der Dokumentation vergeblich nach einem Eintrag zum Krankheitsverlauf suchte, schüttelte nur den Kopf und behandelte die vor sich hin wimmernde Frau, so gut er das ohne die fehlenden Informationen konnte.

Einmal gab eine demente Bewohnerin ihrer Bettnachbarin mit Schluckstörungen zu trinken, diese hätte daran ersticken können – nur durch Zufall hatte eine Kollegin davon etwas mitbekommen.

Die Antidekubitusmatratze eines Bewohners funktionierte nicht mehr richtig, sie überhitzte sich schon seit Tagen zunehmend und verursachte einen solchen Lärm, dass der Bettnachbar nicht schlafen konnte – der Tagdienst hatte keine Zeit gefunden, sich darum zu kümmern.

Lebensgefährlich wurde die Situation für eine andere Bewohnerin, die nach einem Sturz so lange in ihrem eigenen Blut lag, dass es zum Teil schon getrocknet war, bevor man sie fand.

Zwei meiner Kolleginnen und ich beschlossen, erneut eine Überlastungsanzeige zu schreiben. Wir warnten darin vor einem «Zusammenbruch der Versorgung und Betreuung», stellten noch einmal klar, dass wir die Verantwortung für mögliche Konsequenzen dieser Unterversorgung ablehnten, und verlangten mehr Personal – mindestens fünf bis sechs Mitarbeiter pro Nachtschicht, damit jede Etage besetzt wäre. Am Schluss fassten wir die Situation deutlich zusammen: «Insoweit ist der Zustand gefährlicher Pflege erreicht.» Zu dritt hatten wir diese Anzeige unterschrieben und an alle entscheidenden Stellen im Konzern geschickt, an den Betriebsrat, die Pflegedirektorin, die Heimleitung und die Pflegedienstleitung. Doch weder die Heimleitung noch die Pflegedirektion befanden es für nötig, überhaupt darauf zu reagieren.

Zusammenbruch

An den 18. Mai 2003 werde ich mich immer erinnern – es war der Tag, an dem mich meine Kräfte verließen. Bei der Dienstübergabe bin ich einfach zusammengebrochen. Meine Angehörigen wurden informiert, ich wurde abgeholt und zum Arzt gebracht. Als ich mein Bewusstsein wiedererlangt hatte, konnte ich nicht mehr aufhören zu weinen und fühlte eine tiefe Leere in mir. Mit letzter Kraft erzählte ich alles dem Arzt, der dann einen kurzen Brief an den Betriebsarzt schrieb: «Patientin muss in einem Pflegeheim unzumutbare Leistungen erbringen, da offensichtlich Arbeitskräfte eingespart werden. Erbitte Mithilfe bei der Änderung dieser Arbeitsanforderung. Patientin ist im Dienst ohnmächtig geworden.»

Doch der Betriebsarzt sah sich nicht in der Lage, mir zu helfen, sondern erzählte mir während eines Gesprächs ausufernd, dass sich die Arbeitsbedingungen bei Cheffier durch die Umstrukturierung in allen Bereichen verschlechtert hätten. Sein kurzes Fazit: Er könne nichts tun. Selbst der Betriebsarzt hatte also schon die Segel gestrichen.

Mir ging es in der Folgezeit sehr schlecht. Drei Wochen lang war ich krank, verbrachte die meiste Zeit im Bett, während die Gelenkschmerzen so sehr zunahmen, dass ich oft nicht einmal aufstehen konnte und mehrmals den Arzt rufen musste.

Für meine Kinder war ich nicht mehr zu gebrauchen. Und auch andere Dinge in meinem Privatleben lagen brach oder blieben notgedrungen liegen.

So konnte es nicht weitergehen, ich durfte meine Gesundheit nicht aufs Spiel setzen! Gleichzeitig wurde mir eines klar: Ich kam nicht gegen meine Haltung an, mich mit den schwachen und oft hilflosen Pflegebedürftigen zu solidarisieren – und ich wollte auch nicht mehr dagegen ankämpfen. Die Alten waren für mich keine «Pflegekunden», sondern Menschen. Diese Grundhaltung bestimmte mein Leben. Im Gegenzug bestimmten die Pflegeversicherung und der Konzern meinen Arbeitsalltag. Kann ich den Arbeitsalltag von meinem Leben und somit von meiner Grundhaltung als Mensch trennen?

Ich beschloss, den Medizinischen Dienst der Krankenkassen über die aktuellen Zustände zu informieren. Interessanterweise erfuhr ich dabei, dass ich nicht die Erste war, die den MDK auf die Situation in der Mahagoniallee aufmerksam machte. Es hatten sich auch schon andere Kollegen und mehrere Angehörige beschwert – also hatten sie ihre Androhung, «andere Stellen» zu informieren, wahr gemacht. Das gab mir neue Hoffnung, und ich erzählte am Telefon alles, was ich erlebt hatte. Die Mitarbeiter des MDK rieten mir, von allen wichtigen Unterlagen Kopien zu machen und sie aufzubewahren, um im Falle einer juristischen Verhandlung konkrete Beweise in der Hand zu haben.

Mein Anruf schien etwas bewirkt zu haben: Als ich ein paar Wochen später zum Frühdienst kam, sah ich einige unbekannte Leute im Foyer sitzen, die einen offiziellen Eindruck machten und augenscheinlich auf einen Verantwortlichen warteten. Tatsächlich, es waren unangemeldete Kontrolleure des MDK, der die vielen Hinweise ernst genommen hatte. Endlich!

Die Prüfer kontrollierten das Heim zwei Tage lang. Das meiste spielte sich hinter verschlossenen Türen ab, ganz selten sah ich sie in einem der vielen Zimmer des großen Hauses verschwinden. Wenn ich zwischendurch doch mal an den MDK-Prüfern vorbeihetzte, blickte ich in sehr ernste Gesichter, denen die Betroffenheit über die schlechte Versorgung der Bewohner anzusehen war. Ich hingegen freute mich insgeheim, weil ich zuversichtlich war, dass sich die Zustände nach dieser Prüfung nun endlich ändern würden.

Morgenstund hat …

Beim Betreten meines Wohnbereichs stieg mir der Uringeruch schon von weitem in die Nase. Dass ich den überhaupt noch wahrnahm! Die Kollegin vom Nachtdienst saß in dem trostlosen Aufenthaltsraum für die Bewohner und schrieb noch die Dokumentationen. Die Gardinen hinter ihr hingen schmutzig und halb abgerissen am Fenster – darüber ärgerte ich mich schon lange und hatte mehrmals darauf hingewiesen. Leider ohne Erfolg, weil es niemanden interessierte und keiner die Zeit hatte, sich um solche ‹Nebensächlichkeiten› zu kümmern. Immer wenn Angehörige kamen, schämte ich mich dafür, aber den meisten fiel es scheinbar gar nicht auf.

Meine Kollegin war gerade mit dem Schreiben fertig geworden, und ich setzte mich zu ihr. Im Raum standen drei Dokumentenwagen, jeweils einer für eine Etage. «Wie war die Nacht?», fragte ich meine Kollegin.

Sie hängte die letzte Akte in den Wagen. «Ich bin völlig geschafft, weil ich keine ruhige Minute hatte. Wie lange müssen wir das noch mitmachen? Eine einzige Examinierte für 160 Leute und nur zwei Pflegehelfer.» Mir fiel die MDK-Prüfung ein, die nun schon Wochen zurücklag. «Seit der Überprüfung hat sich noch nix getan, oder?» Sie lächelte kurz. «Noch haben wir Grund zur Hoffnung, Brigitte.» Ich sah sie erfreut an und überlegte, ob sie vielleicht auch beim MDK angerufen hatte.

Doch die Freude währte nur kurz; das Hamsterrad setzte sich wieder in Gang. Jeden Tag das gleiche Leid, der gleiche Stress, die gleiche Ignoranz: Da waren die Bewohner, die Hilfe beim Essen brauchten und von jedem aus dem Team, der zufällig vorbeikam, einen Happen in den Mund geschoben bekamen. Die mit den Schluckstörungen, die unter den stressigen Bedingungen nur schlechte Chancen hatten, satt zu werden, und zusehends abmagerten. Die, die über eine Magensonde ernährt werden mussten – für die Pfleger oft willkommen, weil «pflegeerleichternd», bestens auch für die Pharmaindustrie, die ihre Produkte verkaufen konnte. Da war die Anweisung der Pflegedienstleitung, zuerst die Bewohner zu versorgen, die – oder deren Angehörige – sich beschwerten, und die anderen warten zu lassen. Die Hilfsbedürftigen mit Wunden, die unversorgt blieben, weil das Versorgen aus Zeitgründen von Schicht zu Schicht verschoben wurde.

Mein aufkeimender Wille, diese Arbeitsbedingungen nicht mehr länger zu akzeptieren, führte zu vermehrten Konflikten mit der Pflegedienstleitung. Kurz vor meinem ersehnten Jahresurlaub spitzten sie sich noch einmal zu: Schon Wochen vor meinem Urlaub hatte ich ins Wunschbuch eingetragen, dass ich das Wochenende davor freihaben wollte, da ich eine weite Reise unternehmen wollte und bereits Freitagnacht losfahren musste. Frau Schreiber änderte den Dienstplan jedoch kurzfristig und brummte mir für das Wochenende Schichtdienste auf. Als ich ihr sagte, dass ich meinen Wunsch rechtzeitig vermerkt hätte, verlangte sie von mir, ich solle ihr das Buch zeigen – aber von einem Tag auf den anderen war es plötzlich nicht mehr auffindbar. «Es tut mir leid, dann müssen Sie wohl arbeiten, oder Sie finden jemanden, der den Dienst für Sie übernimmt», sagte Frau Schreiber kühl.

Leider fühlte ich mich damals zu schwach und hatte keine Kraft mehr, mich mit ihr darüber auseinanderzusetzen. Eine Kollegin erklärte sich schließlich bereit, den Dienst zu übernehmen. Das Wunschbuch hingegen tauchte an meinem letzten Arbeitstag vor dem Urlaub wieder auf – kurz vor Feierabend. Und mit meinem Eintrag.

Chancen zur Verbesserung?

Die Arbeitsbedingungen hatten sich auch nach meinem Urlaub nicht verändert. Oft hörte ich ein resigniertes «Was sollen wir denn tun, der Geschäftsführung ist es doch offensichtlich egal, wie es uns geht».

Dennoch gaben einige von uns nicht auf: Mit mehreren Kollegen setzte ich mich zusammen, um Verbesserungsvorschläge zu sammeln. Ein Kollege machte den Vorschlag, ein Aquarium aufzustellen, und erklärte sich bereit, sich darum zu kümmern. Ein anderer wollte der Heimleitung farbige Vorhänge, die Abschaffung der grellen Neonlampen und die Installation von warmen Lichtquellen vorschlagen. Der Aufenthaltsraum sollte nach unseren Vorstellungen wie ein Wohnzimmer gestaltet sein und die Küche zu einer Wohnküche umgebaut werden. Unser gemeinsames Ziel war, eine individuelle Umgebung für die Bewohner zu schaffen. Aber unsere Vorschläge wurden mit der Begründung, dass kein Geld dafür übrig sei, abgeschmettert.

Mit dieser Reaktion wollte ich mich jedoch nicht abfinden und schrieb ein kleines Konzept, auch in der Hoffnung, dann nicht mehr als diejenige dazustehen, die immer nur meckerte und selbst keine Ideen hatte, wie es besser gehen könnte. In meinem ‹Konzept für eine menschenwürdige Pflege unter dem Aspekt der Wirtschaftlichkeit im Rahmen der Pflegeversicherung› machte ich Vorschläge, wie das vorhandene Personal wirkungsvoller eingesetzt und zugleich die Zufriedenheit der Bewohner und Mitarbeiter gesteigert werden könnte.

Als Maßnahmen schlug ich vor, dass die Teilzeitkräfte täglich gezielt in den Kernarbeitszeiten eingesetzt und die einzelnen Etagen als eigenverantwortliche Wohnebenen organisiert werden könnten. Dann wäre eine individuelle Gestaltung der Etagen möglich, auch unter Mitwirkung der Altenpfleger, Bewohner und Angehörigen. Durch die Identifikation mit dem ‹eigenen› Wohnbereich und den intensiveren persönlichen Kontakt wären Senioren und Pflegekräfte wahrscheinlich zufriedener und motivierter, vielleicht wäre dadurch auch der extrem hohe Krankenstand gesunken. Wenn die Teilzeitkräfte statt der ganzen Schicht nur in den Kernarbeitszeiten, zum Beispiel am Vormittag während der Grundpflege, gekommen wären, hätten wir schwere Bewohner zu zweit versorgen können, und der tägliche Informationsaustausch untereinander wäre erleichtert worden.

Obwohl ich dieses Konzept an die Geschäftsführung geschickt hatte, erhielt ich nicht einmal eine mündliche Antwort. Welche Missachtung meines Engagements! Im Nachhinein muss ich allerdings feststellen, wie naiv ich war. Der Konzern verfolgte Ziele, bei deren Erreichung die Pflegekräfte nur Ausführende und bei Bedarf Bauernopfer waren. Mitdenken war nicht erwünscht.

Interessanterweise erfuhr ich später, dass Frau Brüggemann in einem Seminar zur wirtschaftlichen Optimierung von Pflegeeinrichtungen einen Erfahrungsbericht abgegeben hatte. Der Titel des Vortrags lautete «Von Pflegeheimen zu Profitcentern». Für mehr Personal oder selbst für kleinere Verschönerungen zum Wohle der Bewohner war kein Geld da, aber für ein Seminar, in dem es darum geht, noch mehr aus den Mitarbeitern herauszupressen und die Bewohner noch mehr zur Kasse zu bitten, gab es Geld – und zwar 1549 Euro zuzüglich 16 Prozent Mehrwertsteuer als Teilnahmegebühr.

Durch den immer auswegloser erscheinenden Konflikt und die Verzweiflung darüber verfiel ich in eine tiefe Depression. Ganze Tage kam ich nicht aus dem Bett und war nicht mehr in der Lage, für mich zu sorgen.

Tief in meinem Herzen spürte ich jedoch, dass ich in meinem beharrlichen Willen, etwas zu verändern, richtig handelte.

Unruhe im Haus

Als ich Anfang November 2003 wieder arbeiten gehen konnte, herrschten Aufregung und Panik im Haus: Der MDK drohte, das Heim zu schließen. Grund dafür waren die Mängel, die bei der Überprüfung im Juli festgestellt worden waren. In vielen Bereichen beanstandeten die Prüfer die Zustände als «unzureichend» oder «mangelhaft». Betroffen waren die räumliche Ausstattung, die Umsetzung der Bezugspflege, die Qualitätssicherung, die Grundpflege, die Besetzung mit qualifiziertem Personal, die Schulung der Mitarbeiter, die Dokumentation, der Umgang mit freiheitseinschränkenden Maßnahmen sowie die Erreichbarkeit der Notrufklingeln.

Dass der Bericht für die Heimleitung und die Pflegedirektorin so niederschmetternd ausfallen würde, hätte ich nicht erwartet, obwohl ich die miserablen Zustände im Haus bestens kannte. Hier hatten die Prüfer genau hingesehen. Nun musste der Konzern etwas tun, um einen Skandal zu verhindern. Diesen Schuss vor den Bug konnten sie nicht ignorieren!

Ein Fall hat mich damals besonders tief berührt: Zwei Bewohnerinnen waren gestürzt und hatten sich Knochenbrüche zugezogen. Sie waren beide hochgradig dement, konnten also ihre Bedürfnisse nicht mehr äußern und keine Hilfe anfordern. Erst sechs Wochen später wurden sie zur Kontrolle beim Arzt vorgestellt, doch der schickte sie ohne Behandlung zurück, mit einer kurzen, impulsiv geschriebenen Notiz: «Keine Behandlung möglich, da wir keine Unterlagen haben. Tel. ist bei Ihnen niemand zu erreichen. Wann war wo welche Fraktur?? Wer hat Gips angelegt?? Patienten daher zurück!! Vielleicht auch mal an die Patienten denken!!»

Die Arztbriefe der beiden Frauen blieben zunächst unauffindbar. Kein Wunder, denn in den Schränken türmten sich bergeweise Unterlagen, die eigentlich in die Patientenakten archiviert gehörten. Aber niemand hatte Zeit zum Sortieren. Erst Tage später entdeckte eine Kollegin die Briefe, doch selbst jetzt wurden die beiden Bewohnerinnen nicht untersucht. Nichts passierte! Nichts!

Das ging zu weit! Ich rief schließlich im Krankenhaus an und bat darum, dass beide sofort behandelt werden sollten, einen Krankenwagen hatte ich gleich mitbestellt.

Irgendwann musste doch mit dieser unverantwortlichen Behandlung der Bewohner Schluss sein! Erneut informierte ich Frau Schreiber schriftlich über diese und zahlreiche weitere Missstände. Angesichts der MDK-Rüge müssten meine Vorgesetzten doch eigentlich froh darüber sein, wenn jemand Alarm schlüge, dachte ich. Aber wie bei den Briefen zuvor antworteten weder die Pflegedienstleiterin noch der Betriebsrat oder die Pflegedirektorin.

Ich überlegte, was ich noch tun könnte. Innerbetrieblich hatte ich alle Möglichkeiten ausgeschöpft, selbst den MDK hatte ich schon benachrichtigt, dessen

Prüfung zwar meine Beobachtungen bestätigte, aber ansonsten mehr oder weniger folgenlos blieb. An wen konnte ich mich noch wenden? Meine Gedanken kreisten ständig um die Situation im Heim; immer wieder sah ich die hilflosen alten Menschen vor mir, wie sie über Stunden allein, oft mit großen Schmerzen, in ihren Betten lagen und die Decke anstarrten.

Suche nach Hilfe

Im Internet war ich auf verschiedene Seiten gestoßen, die sich kritisch mit der Situation in deutschen Pflegeheimen befassten. In einem Altenpflegeforum las ich den Bericht einer frisch Examinierten, die an ihrer ersten Stelle schon am zweiten Arbeitstag als Schichtleiterin mit der Verantwortung für 54 Bewohner eingesetzt wurde. Sie schrieb, die Pflegebedürftigen hätten überall Dekubiti, weil die Lagerungen «grottenschlecht» seien, es werde nur das Notwendigste gemacht, und die Bewohner seien «stellenweise sehr traurig». Ihre Kollegen hätten schon versucht, etwas zu ändern, aber da die Pflegedienstleitung ständig wechsele, könne gar keine Ordnung ins Haus gebracht werden. Die meisten hätten resigniert.

Wie bekannt mir das alles vorkam! Die Situation in ‹meinem› Heim war offensichtlich keine Ausnahme. Die meisten anderen Pflegekräfte bestärkten die Berufsanfängerin, die kommunale Heimaufsicht und den MDK zu benachrichtigen und die Arbeitsstelle zu wechseln. Überhaupt, von den frischausgebildeten Altenpflegern im Forum kamen die kritischsten Berichte, während ich bei erfahrener wirkenden Kollegen oft den Eindruck hatte, dass sie Mängel nicht direkt und offen benennen wollten, weil sie fürchteten, der Berufsstand würde dadurch in Misskredit gebracht. Das fand ich bedauerlich – schließlich wurden selten die Kollegen kritisiert, sondern überwiegend die Heimträger, die für die schlechten Arbeitsbedingungen verantwortlich waren. Oder war bei einigen ‹alten Hasen› wirklich alles Friede, Freude, Eierkuchen?

Später stieß ich auf den Münchener Pflegestammtisch, der dazu aufrief, Missstände zu melden, und verschiedene Anlaufstellen nannte. Das fand ich sehr gut. Mich erleichterte die Vorstellung, dass ich endlich mit Fachleuten über meine bedrückende Situation würde sprechen können. Hilfesuchend wandte ich mich also an «Pflege in Not», eine Einrichtung des Diakonischen Werks in Berlin, die vorwiegend Pflegepersonal und Angehörige berät. Die Mitarbeiter dort boten mir ein Gespräch mit einer Psychologin an, was ich dankend annahm – aber wirklich helfen konnte mir die Therapeutin nicht. Mein größter Wunsch war, mich mit anderen kritischen Pflegekräften zu treffen und auszutauschen. Doch die, sagte man mir, wollten solche Zusammenkünfte nicht und bräuchten Ruhe, um ihr Leben wieder in den Griff zu bekommen. War dem wirklich so? Mir jedenfalls hätte es Mut und Kraft gegeben. Ich fragte mich, wie viele von den Tausenden Altenpflegerinnen und -pflegern in meiner Heimatstadt in derselben Situation waren wie ich und nicht wussten, was sie tun sollten.

Schließlich übergab ich Kopien von allen Unterlagen, die ich besaß, an «Pflege in Not», wo sie in einem großen Aktenschrank verschwanden.

Als ich die Beratungsstelle verließ, stand ich wieder alleine da. Die Unterstützung, die ich gebraucht hätte, fand ich nicht. Danach bekam ich eine schwere Depression, gegen die mir meine Ärztin ein Antidepressivum verschrieb. Mehrere Wochen verbrachte ich im Bett. Unser kleiner Hund Bulli hat mir in dieser Zeit sehr geholfen, denn ich musste regelmäßig aufstehen, um mit ihm Gassi zu gehen. Das Tier gab mir Kraft, weil es einfach nur da war.

Ende 2003 verkündete Frau Schreiber, dass sie Cheffier verlassen werde. Wollte sie einer Kündigung oder Versetzung wegen der MDK-Ergebnisse zuvorkommen? Scheinbar nicht: In einem kurzen Gespräch, das ich mit ihr führte, äußerte sie sich zu meiner Überraschung sehr kritisch über die Arbeitsbedingungen und bezeichnete sie als unmenschlich. Aber war das die Lösung, dass schon wieder eine Pflegedienstleitung ging, um einer neuen Platz zu machen? Was wäre geschehen, wenn Frau Schreiber zu uns gestanden hätte und sich mit uns solidarisiert hätte? Hätten wir gemeinsam etwas verändern können?

Diese Fragen beschäftigten mich. Ich wollte nicht einfach weglaufen, in der vagen Hoffnung, woanders sei es besser. Das hatte ich schon einmal probiert – und die Situation hatte sich nur noch verschlimmert.

Maßregelungen

Ungläubig starrte ich auf das Schreiben, das ich gerade aus dem Briefkasten geholt hatte: Der Personalreferent des Konzerns bat mich zu einem Gespräch wegen krankheitsbedingter Fehlzeiten. Wie sollte ich dieses Schreiben anders deuten, als dass dadurch Druck auf mich ausgeübt werden sollte, über die Missstände zu schweigen?

Es war inzwischen Januar geworden, ich erholte mich nur mühsam von dem Erlebten. Obwohl ich noch krankgeschrieben war, kam ich der Aufforderung des Personalreferenten nach. Was blieb mir anderes übrig? Auf keinen Fall wollte ich meinem Arbeitgeber einen weiteren Grund zur Beschwerde geben.

Als ich das Büro des Personalreferenten betrat, kam er mir mit einem aufgesetzten Lächeln entgegen, reichte mir die Hand und bat mich, Platz zu nehmen. Ohne Umschweife teilte er mir mit, dass ich entlassen werde, falls ich weitere Fehlzeiten habe. Ich verwies auf die Ursache meiner Erkrankung, den Personalmangel und die unhaltbaren Zustände für Pfleger und Bewohner, auf die Überlastungsanzeigen – vergebens. Der Personalreferent schaute mich lediglich abschätzig an und sagte, dass ihn das nicht interessiere. Für ihn zählten nur meine Fehlzeiten, er sei sich sicher, dass die Arbeit mit dem vorhandenen Personal zu schaffen sei.

Wie konnte er das behaupten? War er schon einmal mit auf der Station gewesen? Ich erzählte ihm von dem Leiden der Bewohner, die ohne Ansprache viele Stunden allein verbringen mussten. Ich beschrieb ihm, dass noch nicht einmal die Körperpflege regelmäßig erfolgen konnte und schon Bewohner geschädigt worden waren. Sein Blick wurde kalt. Schließlich nahm ich meinen ganzen Mut zusammen und sagte ihm direkt ins Gesicht, dass er sich selbst in die Tasche lügen könne, aber das nicht von mir verlangen dürfe. Was in dem Heim passierte, seien Menschenrechtsverletzungen, die nicht mit dem Gesetz vereinbar seien. Außerdem dürfe er nicht so tun, als ob er von nichts wisse, denn der MDK habe das Heim schließlich geprüft und wolle den Versorgungsvertrag kündigen. Da wurde er hellhörig: «Woher wissen Sie das?» «Soll ich das nicht wissen?», fragte ich zurück. Der Personalreferent sah plötzlich nicht mehr ganz so überlegen aus. Er konnte ja nicht ahnen, dass ich die Kurzfassung des MDK-Berichts bei der Arbeit gelesen und kopiert hatte. Ich sagte ihm, dass ich auch die Staatsanwaltschaft informieren würde, wenn sich nichts änderte. Daraufhin wurde er wütend, drohte mit arbeitsrechtlichen Konsequenzen und schrie mich an: «Sie dürfen uns gar nicht anzeigen! Darauf haben Sie gar kein Recht!» Damit war das Gespräch beendet.

Ich trat auf die Straße, mir war kalt. Das Telefonat mit dem Mitarbeiter vom MDK, der mir geraten hatte, alle aussagekräftigen Unterlagen zu kopieren, ging mir durch den Sinn. Warum war dieses Katz-und-Maus-Spiel nötig? Was spielte sich hinter den Kulissen ab, dass die Kontrollen des MDK nicht griffen und es keine Veränderungen gab? Wieso wollte man mir den Mund verbieten?

Ungute Erinnerungen an die DDR-Zeiten wurden

wieder wach, auch dort hatte ich an der ständigen Manipulation und Gängelung durch die Partei und meine Vorgesetzten, der nicht vorhandenen Meinungsfreiheit gelitten. Ende der 8oer Jahre hatte ich deshalb an vielen Demonstrationen der Opposition teilgenommen und setzte große Hoffnung in die «Wende». Dann, so hatte ich gehofft, würde ich den tagtäglich erlebten Zwängen endlich entkommen, würde mitgestalten und mitreden können. Dass mir jetzt, in einer Demokratie, die freie Meinungsäußerung verboten wurde und ich nur stillschweigende Befehlsempfängerin sein sollte, enttäuschte mich maßlos. Sowohl der Osten als auch der Westen steckten für mich voller Widersprüche.

Hohe Anforderungen, geringe Spielräume

Erst Anfang März 2004 war ich so weit genesen, dass ich wieder arbeiten gehen konnte – auf der Station hatte sich nichts geändert. Vor allem der Zustand von Frau Matuschek, der behinderten Bewohnerin, machte mich wütend und traurig zugleich: Lange Zeit hatte sie selbständig am Tisch gegessen und getrunken. Doch in den vergangenen Monaten war sie so selten mobilisiert worden, dass sie nun überwiegend im Bett bleiben musste. Zudem wurde sie, weil niemand die Zeit hatte, sich richtig um sie zu kümmern, unzureichend versorgt. Das führte dazu, dass sie eines Tages an akuter Austrocknung litt, Exsikkose genannt. Der Flüssigkeitsmangel kann zu Nierenversagen führen und Patienten sogar ins Koma fallen lassen. Frau Matuschek dort mit tiefen Hautfalten, rissigen Lippen und borkiger Zunge liegen zu sehen, löste in mir eine tiefe Betroffenheit aus, die ich in diesem Moment nicht zulassen durfte, denn ich musste handeln. Sofort lief ich zum Dienstzimmer, rief den Notarzt und machte die Papiere fertig.

Als Frau Matuschek später aus dem Krankenhaus zurückkehrte, hatte sie eine Magensonde und einen Blasenkatheter gelegt bekommen.

Während die durch den Personalmangel erzwungene Vernachlässigung also dazu führte, dass Bewohner wie Frau Matuschek an Sonde und Katheter lagen, schraubte man die Anforderungen an die Fachkräfte weiter nach oben. Aus einer neuen Stellenbeschreibung vom Mai ging klarer denn je hervor, dass ich bei den mir zugewiesenen Bewohnern auch für Pflegefehler, die durch anderes, nicht examiniertes Personal entstanden, verantwortlich gemacht worden wäre. Damit wurde deutlich, wie schwer mein Aufgabenpaket wog, es umfasste die komplette Pflegeplanung und -durchführung von der Anamnese bis zur Evaluation.

Um die Fähigkeiten der alten Menschen gezielt zu erfassen, bekamen wir Anamnesevordrucke ausgehändigt, die in 13 Einzelbereiche aufgegliedert waren und auf dem «AEDL»-System basierten. Die Abkürzung «AEDL» steht für «Aktivitäten und existenzielle Erfahrungen des Lebens», ein an sich kluges und menschenfreundliches System, das Monika Krohwinkel entwickelt hat, um die Bedürfnisse eines Menschen auch im Alter möglichst weit zu erfüllen und seine Aktivität zu erhalten.

Zu den 13 Kategorien gehört der Bereich «Sich bewegen», in dem für mich als Pflegekraft folgende Anforderungen formuliert werden: Ich soll die allgemeine Beweglichkeit fördern und Hilfestellung geben – zum Beispiel beim Lagewechsel, Aufstehen, Sitzen und Gehen. Wie sollte das funktionieren, wenn ich niemanden hatte, der mir zum Beispiel beim Heben half?

Im Bereich «Essen und Trinken» soll ich die individuellen Bedürfnisse und Gewohnheiten berücksichtigen, den Appetit und das Geschmacksempfinden, auch die Art der Zubereitung ist wichtig. Beim Trinken habe ich die Menge zu beachten und wie die Flüssigkeiten aufgenommen werden. Zudem muss ich mir den Zustand von Zähnen, Prothesen und Zahnfleisch ansehen. Hier prallten die Vorgaben einmal mehr mit der Praxis unversöhnlich zusammen, was nicht zuletzt die Tatsache zeigte, dass Bewohner wie Frau Matuschek per Sonde ernährt wurden.

Und so ging ich einmal Bereich für Bereich am Beispiel von Frau Matuschek durch: Laut dem AEDL-Element «Soziale Bereiche des Lebens sichern» habe ich die Aufgabe, das soziale Zusammenleben zu unterstützen, indem ich bestehende Beziehungen aufrechterhalte und versuche, die Integration der Pflegebedürftigen in ein selbstgewähltes soziales Umfeld zu fördern, um sie vor Einsamkeit zu schützen. Die Beziehungen zu Lebenspartnern, Freunden, Nachbarn, Bekannten und Familienangehörigen sollen deshalb gepflegt werden.

Frau Matuscheks Mutter, die ihre Tochter lange besucht hatte, war inzwischen selbst krank und konnte nicht mehr so oft zu ihrer Tochter gehen, aber sie wohnte bei uns im Pflegeheim. Mit mehr Personal wäre es deshalb ein Leichtes gewesen, Frau Matuschek in den Rollstuhl zu heben und zu ihrer Mutter zu bringen, die es besser als jeder andere verstand, mit ihrer Tochter zu sprechen. Damit hätte ich auch im Bereich «Kommunizieren» viel erreicht, denn in meiner täglichen Arbeit soll ich die Kommunikation der Bewohner beobachten und fördern. Die Kommunikation umfasst neben dem Sprachvermögen die Mimik und Gestik, auch das Hören, Sehen und Empfinden. Als Pflegekraft soll ich mir überlegen, welche Hilfsmittel ich zur Unterstützung der Bewohner benötige. Mir blieb allerdings, wie den anderen Altenpflegern, nie genug Ruhe, um Frau Matuscheks Laute und Zeichen deuten zu lernen, geschweige denn, mich mit ihr zu unterhalten. So verbrachte sie Tag und Nacht ohne Gespräche im Bett.

In ähnlicher Weise scheiterte die Umsetzung des AEDL-Systems auch bei den anderen Bewohnern: «Ausscheiden»? – Toilettentraining nur für die Widerspenstigen; «Sich pflegen»? – Salben und Cremes lagen ungenutzt herum; «Ruhen und Schlafen»? – Morgentoilette und Mittagsschlaf fielen, wie es für das Personal passte; «Sich kleiden»? – Schränke waren abgeschlossen; «Sich beschäftigen»? – stundenlanges Fernsehen; «Vitale Funktionen des Lebens aufrechterhalten»? – regelmäßiges Blutdruckmessen war Fehlanzeige; «Sich als Mann und Frau fühlen und verhalten»? – beim Waschen wurde auf derlei Empfindlichkeiten keine Rücksicht genommen; «Für eine sichere und fördernde Umgebung sorgen»? – eine wohnliche Gestaltung der Etagen wurde abgeblockt; «Mit existenziellen Erfahrungen des Lebens umgehen»? – bei Angstattacken gab es Psychopharmaka, und für die Sterbebegleitung blieb keine Zeit.

Das vorgeschriebene AEDL-System, das ich nur zu gerne eingesetzt hätte, erwies sich als Farce. Jeden Tag kämpfte ich darum, die mir anvertrauten Menschen wenigstens satt und sauber zu halten.

Pflegedienstleitungen gehen und kommen

Mit dem Frühsommer kam frischer Wind ins Haus. Frau Schreibers Platz wurde kommissarisch von einer Mitarbeiterin aus dem Krankenhausbereich übernommen. Frau Nansen machte einen sehr aufgeschlossenen und positiven Eindruck. Für sie war es selbstverständlich, im Pflegebereich mit anzupacken, sie verbreitete gute Laune und ging die Probleme an der richtigen Stelle an, indem sie so viele Leasingkräfte bestellte, dass dies zu einer merklichen Entlastung führte. Einmal sagte sie: «Ich möchte den Kollegen morgen noch in die Augen sehen können.»

Doch ihr Engagement wurde bald ausgebremst, Frau Nansen bekam heftigen Ärger mit der Pflegedirektion. Man unterstellte ihr, dass sie aufgrund ihrer familiären Situation – als «Mutter von zwei Kindern» – der Aufgabe als stellvertretende Pflegedienstleitung nicht gewachsen sei. Außerdem habe sie mehr Personal eingesetzt als erlaubt, was gegen die wirtschaftlichen Interessen des Konzerns sprach.

Nach wenigen Wochen verließ Frau Nansen das Heim.

Als ich den Geschäftsbericht vom Jahr 2003 las, wunderte ich mich nicht mehr, dass eine engagierte Pflegedienstleiterin, die das Wohlbefinden der Menschen und nicht den Profit im Auge hatte, ganz schnell weg vom Fenster war, denn darin hieß es: «Im abgelaufenen Geschäftsjahr stand vor allem die strategische Weiterentwicklung des Altenpflegebereichs bei Cheffier zum Anbieter von moderner Altenpflege im Mittelpunkt. Eine ganze Palette von Maßnahmen war darauf ausgerichtet. Im Kern ging es darum, den Geschäftsbereich mit seinen Segmenten weiter zu verselbständigen, um damit auch organisatorisch die Voraussetzungen zu schaffen, die einzelnen Pflegeeinrichtungen künftig als Profitcenter zu führen.» Im Folgenden wurde darauf hingewiesen, dass die gesamte Produktivität der Einrichtungen zu erhöhen sei.

Zunehmend verstand ich, welche Rolle ich für die Geschäftsführung zu spielen hatte und welche die Senioren einnahmen. Im «Profitcenter» Mahagoniallee war das Personal quasi das Humankapital, und die Pflegebedürftigen waren die Bewohnerklientel, die möglichst produktiv, sprich: kosten- und personalsparend – und damit gewinnbringend – verwahrt werden sollte.

Schnell saß eine neue Pflegedienstleiterin an Frau Nansens Platz, Frau Metternich. Etwas merkwürdig fand ich es schon, dass sie mich gleich am Anfang zu einem Gespräch zitierte. «Frau Heinisch, ich bin ein alter Hase und schon lange im Geschäft. Nehmen Sie also einen gutgemeinten Rat an. Für Sie ist es besser, wenn Sie sich ruhig verhalten!» Das war deutlich. Sie setzte gleich nach. «Sie können so viele Überlastungsanzeigen schreiben, wie Sie wollen, es wird nichts an der Tatsache ändern, dass die Arbeit mit dem vorhandenen Personal zu schaffen ist. Wenn Sie sie nicht schaffen, sind Sie für die Pflege nicht geeignet.» Gänzlich die Sprache verschlug es mir, als sie mir unterstellte, ich habe lediglich persönliche Probleme und der Arbeitgeber sei nicht in der Lage, diese zu lösen, dafür solle ich mir «professionelle Hilfe» suchen.

Im Team war die Atmosphäre sehr angespannt. Die Verträge der befristet eingestellten Mitarbeiter wurden nicht mehr verlängert, dafür kamen zeitweise Pflegekräfte aus anderen Einrichtungen, die immer wieder neu eingearbeitet werden mussten. Marianne machte erneut Stimmung gegen mich und warf mir vor, dass mein Arbeitsstil nicht zum Stil des Teams passe. Von welchem Arbeitsstil redete sie eigentlich? Hatten wir überhaupt einen? Wenn, dann war er geprägt von Chaos und Überforderung.

Viele Bewohner wurden noch hilfloser, desorientierter und abhängiger. Am meisten erschütterte mich dabei, dass Wünsche und Bedürfnisse kaum noch geäußert wurden. Einige Bewohner entschuldigten sich sogar, wenn sie um Hilfe baten – die jahrelange Unterversorgung hatte sie gezeichnet. Die meisten ergaben sich ihrem Schicksal. Hätten sie eine andere Wahl gehabt? Wo doch schon wir im Vergleich jungen, gesunden Menschen uns überfordert fühlten?

Dass ich die Hilflosigkeit der Senioren in vielen Stresssituationen selbst ausgenutzt hatte und sie so noch weiter entwürdigte, deprimierte mich zutiefst.

136

Ich konnte es besser ertragen, wenn sie sich zur Wehr setzten und ständig beschwerten, selbst wenn mich das zusätzlich unter Druck setzte und manchmal nervte.

Doch nicht nur viele Bewohner resignierten, selbst einige Angehörige, die sich in einer stetigen Auseinandersetzung mit der Leitung befanden, waren am Ende ihrer Kräfte.

Nora, meine sonst so kritische Kollegin, hatte ebenfalls resigniert: «Brigitte, wir können an den Zuständen eh nichts ändern. Da ist es besser, man schaut zu, wie man irgendwie durchkommt.» So kannte ich sie gar nicht. «Wie meinst du das? Wir müssen doch alles versuchen!» Traurig und mutlos antwortete sie: «Das ist von oben so gewollt, die Politiker geben den Unternehmen alles, und uns kleinen Leuten nehmen sie es weg. Wenn die Hartz-Gesetze durchkommen und ich gekündigt werde, bekomme ich ein Jahr Arbeitslosengeld, und wenn ich dann immer noch keinen Job gefunden habe, bin ich ein Sozialfall.»

Nach meinem Eindruck bangten die Kollegen damals mehr um ihren Arbeitsplatz als je zuvor, hatten aber Angst, über die existenzielle Bedrohung nachzudenken, geschweige denn zu sprechen. Eine Kollegin kommentierte das einmal so: «Ich mache mir erst Gedanken, wenn mich das etwas angeht.» Seitdem das Hartz-IV-Gesetz in Kraft getreten ist und Arbeitslose mit baldiger Armut bedroht, haben wahrscheinlich noch weniger Pflegekräfte als zuvor den Mut, über Missstände im Heim zu berichten.

Im August wurde im Frühdienst erneut Personal reduziert, sodass zwei Mitarbeiter die ganze Schicht – von 6.10 Uhr bis 14.30 Uhr – arbeiteten und der dritte nur noch von 7 bis 11 oder maximal 13 Uhr eingesetzt wurde. Der erneute Abbau von Personal war untragbar – aber nur wenige der Kollegen hatten den Mut, dagegen aufzubegehren, und schrieben, den Einschüchterungsversuchen von Frau Metternich zum Trotz, weiter Überlastungsanzeigen. Wenn ich vorschlug, alle im Team sollten sich gemeinsam wehren, bekam ich als Antwort: «Was sollen wir schon tun, wenn nicht mal der MDK was ändern kann?»

Und hatten die Kollegen nicht recht? Kämpfte ich nicht gegen Windmühlen? Was war denn nach den acht Überlastungsanzeigen passiert, die ich insgesamt geschrieben hatte? Nichts. Stattdessen wurde mir vom Personalreferenten bis zur Pflegedienstleitung unisono signalisiert, dass die Hilferufe ohnehin nicht ernst genommen würden. Bestenfalls führten sie zu Schikanen. Die Hauptdevise schien zu lauten: Solange alles irgendwie bewältigt und der schöne Schein gewahrt werden kann, ist uns der Rest egal.

Was waren die Menschen dem Konzern wert? Wem in den Führungsetagen ging es um das Wohlbefinden der Bewohner? Wer interessierte sich für die Zufriedenheit der Mitarbeiter? Der Wille, aus den Menschen rücksichtslos so viel Gewinn wie möglich zu schlagen, schob alle anderen Ziele beiseite.

Resignation oder Gegenwehr?

Als ich im Spätsommer nach einer anstrengenden Frühschicht nach Hause kam, erzählte mir eine Freundin am Telefon, dass sie am Montag zu einer Demonstration gegangen war, die sich gegen das Hartz-IV-Reformpaket und den damit verbundenen Sozialabbau wendete. Ich war begeistert: In Berlin fanden wieder Montagsdemonstrationen statt! Wie 15 Jahre zuvor ging die Bevölkerung auf die Straße und setzte sich für ihre Rechte ein.

Meine Freundin erzählte in den nächsten Wochen häufiger von den Demonstrationen und fragte mich immer wieder, ob ich nicht mitkommen wolle. Als es meine Arbeitszeit zuließ, begleitete ich sie schließlich. Besonders gut gefiel mir, dass es bei diesen Versammlungen jedes Mal ein «offenes Mikrophon» gab, an dem alle ihre Meinung sagen konnten, vorausgesetzt, niemand verbreitete faschistische oder diskriminierende Ansichten.

In einer der folgenden Nachtschichten ging mir einmal mehr der Gedanke durch den Kopf, dass die Menschen draußen erfahren müssten, was im Heim passierte. Konnte ich das offene Mikrophon dafür nutzen? Wäre das eine Chance, die Missstände publik zu machen, nachdem ich bei den dafür zuständigen Stellen nichts hatte ausrichten können? Bisher hatte ich jedoch keine Erfahrung damit, vor Gruppen zu sprechen, und ich war mir auch nicht sicher, ob dieses Thema wirklich hierher gehörte. Deshalb hielt ich mich vorerst zurück, nahm aber weiterhin an den Demonstrationen teil.

An einem der Montage wurde über ein Treffen des «Frauenpolitischen Ratschlags» gesprochen, eine internationale Organisation, die sich sowohl dem Erfahrungsaustausch über die Lebenssituation von Frauen als auch dem Kampf für Frauenrechte gewidmet hat. Spontan dachte ich an meine Situation als Altenpflegerin und Mutter, an den fehlenden Frauenarbeitsschutz und die einsamen Bewohnerinnen.

Mit Herzklopfen ging ich ans Mikrophon und sagte, wenn sie auf dem «Ratschlag» über Frauenthemen reden würden, sollten sie mit an die Frauen denken, die in den Heimen lagen und gar keine Stimme mehr hatten. In meiner kurzen Rede schilderte ich die Pflege- und Arbeitsbedingungen im Altenheim und erzählte, dass wir für die Angehörigen nette Ausreden präsentieren mussten, wenn diese nach den Ursachen für die Vernachlässigung ihrer Nächsten fragten.

Nach dem Beitrag sprachen mich mehrere Demonstranten an und bestärkten mich in meiner Haltung. Es war für mich, als ob ich aus einem Gefängnis des Schweigens befreit worden wäre. Endlich hatte ich öffentlich formulieren können, was mich bedrückte!

Aus diesen spontanen Gesprächen ergaben sich ein paar Treffen, und bald hatte sich ein lockerer Kreis von Menschen gebildet, die mich unterstützen wollten, darunter politisch erfahrene Gewerkschaftler. Die Solidarität, die mir entgegengebracht wurde, berührte mich tief. Menschen, die um ihre eigene Existenzsicherung kämpfen mussten, setzten sich für mich ein und unterstützten mein Anliegen, dass eine menschenwürdige Pflege allen zusteht.

Wieder Personaleinsparungen

Passend zur bisherigen Strategie der Konzernführung erfuhren wir im Herbst, dass das Sparen kompromisslos weitergehen würde: Laut Dienstplan waren für die Frühschicht nur noch zwei Mitarbeiter vorgesehen. Die dritte Kraft, die zuvor früher nach Hause gegangen war, sollte nun ganz wegfallen. Obwohl es kaum mehr möglich schien, verdichtete sich der Arbeitsdruck erneut.

Mit der immer kritischeren Pflegesituation häuften sich die Beschwerden von Angehörigen, auch bei den Betroffenen selbst fanden wir Unterstützung. Vor allem bei Herrn Retzlaf, dem ich erzählt hatte, dass wir seit Januar mehrere Überlastungsanzeigen geschrieben hatten. Er zeigte viel Verständnis für uns und begrüßte diesen Schritt. Schließlich gehörte er selbst zu den Leidtragenden: Herr Retzlaf legte zum Beispiel großen Wert auf sein Äußeres und benötigte klare Strukturen – sobald Absprachen gesprochen und Abläufe, die er gewohnt war, nicht eingehalten wurden (was aufgrund des Zeitmangels öfter vorkam), geriet er aus dem Gleichgewicht. Nachts hatte er einen sehr leichten Schlaf – vielleicht, weil er lange Jahre in Sibirien in Kriegsgefangenschaft gewesen war. Diese Zeit hatte ihn geprägt.

Schon mehrfach hatte sich seine Frau beschwert, dass er nicht ausreichend versorgt werde, doch dann bekamen immer wir Kollegen Ärger: Wir sollten nach Anweisung der Pflegedienstleitung zuerst die Bewohner versorgen, die sich beschwerten, und zwar gründlich. Dann hatte ich für die anderen noch weniger Zeit …

Herr Retzlaf und seine Frau, die ihn häufig besuchte,

ließen aber nicht locker, sie gehörten zu den hartnäckigen Bewohnern, die sich nicht alles gefallen ließen und immer wieder gegen die Personalpolitik im Heim protestierten. Sie erzählten uns, dass die Pflegedienstleitung uns die Schuld an den Missständen gebe. Glücklicherweise erkannten sie, dass nicht wir Pflegekräfte für die Unterversorgung verantwortlich waren. Ganz offensiv forderten sie wie andere Angehörige mehr Personal.

Was war das für eine Chance! Vielleicht hätten wir nun endlich zusammen mit den Angehörigen erfolgreich Druck machen können. Ich hatte es trotz aller Rückschläge immer noch nicht aufgegeben, an eine Besserung zu glauben.

Aber es kam anders. Als ich Ende September zum Nachtdienst kam, erzählten mir die Kollegen vom Spätdienst aufgeregt, wir sollten über die Dienstpläne den Mund halten. Im Protokoll der Teamsitzung vom 28. September las ich: «Frau [...], Heimleitung des Hauses, gab zu bedenken, dass Antworten auf Fragen wohl durchdacht und gut formuliert sein sollten. Antworten wie z.B. ‹Ich habe keine Zeit›, ‹Wir haben zu wenig Personal› sind für das Unternehmen schädlich und sind zu unterlassen. Für die Pflegekraft kann es zu Konsequenzen führen.»

Mich beschlich ein ungutes Gefühl. Ich erinnerte mich an das Milgram-Experiment zur Obrigkeitshörigkeit, von dem ich in der Ausbildung gehört hatte. Der amerikanische Psychologe Stanley Milgram hatte freiwillige Teilnehmer für einen Versuch angeworben, in dem sie als «Lehrer» überprüfen sollten, ob die «Schüler» bestimmte Fragen richtig beantworteten. Bei Fehlern sollten die «Lehrer» über einen Schalter Stromstöße geben, die sich von 15 bis 450 Volt steigerten. Über Kopfhörer waren die Schmerzensschreie der «Schüler» zu hören, später die Bitte «Versuchsleiter, holen Sie mich hier raus!», und ab 330 Volt gab es gar keine Signale mehr. Die «Lehrer» wussten nicht, dass die Stromstöße und die Reaktionen simuliert waren, aber dennoch folgten über 60 Prozent den Anordnungen des Versuchsleiters im weißen Laborkittel bis zur tödlichen Endstufe von 450 Volt. Der «Professor» sagte bei Einwänden der Versuchsteilnehmer immer wieder: «Sie müssen unbedingt weitermachen!»

Auf eine gewisse Art fühlte ich mich wie einer jener Versuchsteilnehmer, mit dem wesentlichen Unterschied, dass ich mit Schmerzensschreien und Leid konfrontiert war, die echt waren.

Mit einem noch beklommeneren Gefühl als sonst begann ich diese Nacht meine Runde auf der Station. Frau Obreiter auf Etage 5 stöhnte laut vor Schmerzen. Seit mehreren Tagen hatte sie das Schmerzmittel, das alle drei Tage in Form eines Pflasters verabreicht wurde, nicht mehr erhalten, weil der Vorrat aufgebraucht war. Einige Minuten starrte ich auf diese Frau, wie sie, angeschlossen an eine Magensonde, im Bett lag und sich quälte. Ich war nicht mehr in der Lage, etwas zu tun, konnte mich nicht mehr bewegen … Bis mir Tränen in die Augen stiegen – erst dann löste sich langsam die Starre. Als Nächstes verkrampfte sich mein Magen, und mir wurde schlecht. So durfte es nicht weitergehen! Ein letztes Mal wollte ich die Pflegedienstleitung und die Vorgesetzten über die Missstände informieren und schrieb einen Brief. Wenn sie darauf nicht reagierten, musste ich andere Wege gehen. Ich konnte nicht mehr.

Frau Metternich zeigte sich von meinem Schreiben weitgehend unbeeindruckt und sagte kühl, dass ich mich nicht so einfach aus der Verantwortung ziehen könne und «mit im Boot» säße. In welchem Boot? Ich sah sie an und spürte, dass ich hier in kriminelle Machenschaften hineingezogen werden sollte – mitgefangen, mitgehangen? Mir wurde schlecht, und alles drehte sich. In diesem Heim konnte ich unmöglich bleiben.

Als ich zu Hause war, musste ich mich mehrmals übergeben. Ich konnte nicht mehr aufhören zu weinen. Meine Ärztin schickte mich ins Krankenhaus, wo man ein akutes Burn-out diagnostizierte, das auch die Ursache für meine körperlichen Beschwerden war. Wieder wurde ich für längere Zeit krankgeschrieben.

Nichts geht mehr

Nach ein paar Tagen bekam ich einen Anruf von Ilse, einer erfahrenen Gewerkschafterin mit rauer Stimme, starkem Rückgrat und viel Herz, der ich bei den Montagsdemonstrationen begegnet war. Ich freute mich riesig, dass sie ein Treffen mit den anderen organisieren wollte, und sagte sofort zu.

Von den anderen erfuhr ich, dass es auch in weiteren Pflegeeinrichtungen und in den Kliniken von Cheffier Probleme gab, wobei die Beschäftigten, die den Mund aufmachten, einen schweren Stand hatten. Für mich war dieses Zusammentreffen mit ganz normalen Beschäftigten aus dem Sozial- und Gesundheitswesen heilsam. Hatte ich endlich die «Gleichgesinnten» gefunden, die ich zuvor so sehr vermisste?

Während des Treffens fragte mich Ilse, wie lange ich schon gegen die Missstände in der Mahagoniallee ankämpfte. «Schon länger als ein Jahr!», antwortete ich spontan. Als ich später zu Hause die zahlreichen Dokumente von der Arbeit durchsah, die ich im Schrank verstaut hatte, war ich völlig perplex: Fast drei Jahre quälte ich mich bereits mit den Strukturen im Heim ab. Die Dokumente meiner vergeblichen Bemühungen schwarz auf weiß vor mir, entschied ich mich, nun zu anderen Mitteln zu greifen und meinen Anwalt hinzuzuziehen.

In einem ausführlichen Schreiben an die Geschäftsführung verlangte er in meinem Namen eine Erklärung zu der dauerhaften personellen Unterbesetzung und forderte von der Konzernleitung darzustellen, wie eine ausreichende Versorgung der Heimbewohner so schnell wie möglich gesichert werden könne. Andernfalls müsse ein staatsanwaltschaftliches Ermittlungsverfahren eingeleitet werden.

Noch immer hoffte ich auf eine innerbetriebliche Klärung. Vielleicht wusste die Geschäftsführung nichts von den Vorgängen, weil die Informationen nicht zu ihr durchgedrungen waren?

Entsprechend enttäuscht war ich, als ich gut zwei Wochen später die Antwort las. Mein Anwalt hatte mich bereits am Telefon darüber informiert, dass die Geschäftsführung alle Missstände abstritt. Ich starrte

ungläubig auf den Brief: «Die hygienische Grundversorgung der Heimbewohner ist jederzeit sichergestellt
und gewährleistet. […] Nachweislich hat zu keiner Zeit
Personalmangel bestanden. Eine gesundheitliche Beein-
trächtigung unserer Bewohner ist nachweislich nicht
gegeben. Die Unterstellung, dass in unserer Einrichtung die Menschenwürde und die Gesundheit der Bewohner vernachlässigt werden, weisen wir entschieden
zurück. […] Wir werden nicht explizit darlegen, wie
strafrechtliche Folgen für alle Beteiligten vermieden
werden können. Hierzu besteht für uns keinerlei Veran-
lassung. Ein Tatbestand, dass die Menschenwürde und
die Gesundheit der Bewohner vernachlässigt worden
ist, liegt nachweislich aufgrund interner Evaluationen
nicht vor.»

Der Verweis auf «interne Evaluationen» war für mich
geradezu lachhaft: Das war eine Qualitätssicherung, deren Wahrheitsgehalt jenem der Pflegedokumentationen
nahekommen dürfte. Die Belege für die «nachweislich»
korrekten Zustände und die Personalausstattung fehlten hingegen.

Für mich gab es jetzt kein Zurück mehr. Ich hatte
mich entschlossen, zu handeln, denn mir blieb nur
noch der juristische Weg.

Schicht

Ich stehe hier auf der Station ganz allein
22 Menschen warten auf meine Hilfe
Es wird gesagt, sie seien Kunden
Was habe ich zu verkaufen?
Zuwendung?
3 Minuten zuhören?
Einmal Windelwechsel?

Ich stehe hier auf der Station ganz allein
22 Menschen warten auf meine Hilfe
Viele sind hier, weil draußen kein Platz
    mehr für sie ist
Abgearbeitet, krank und pflegebedürftig

Ich stehe hier auf der Station ganz allein
22 Menschen warten auf meine Hilfe
Meine Hände zittern, mein Herz
    krampft sich zusammen
Ich trage eine Last die mir von
    Kapitalisten aufgebürdet wurde,
    gekleidet in einen Arbeitsvertrag

Diese Last heißt Entsolidarisierung

Brigitte Heinisch

KAMPF GEGEN DEN PFLEGENOTSTAND

Damals glaubte ich noch an das Rechtssystem: Wenn ich jemanden betrüge, werde ich angezeigt, und wer berechtigt angezeigt wird, kommt vor Gericht und wird bestraft. Das Gleiche musste also auch für ein Pflegeheim gelten, in dem Leistungsnachweise gefälscht werden. Am 7. Dezember 2004 erstattete mein Anwalt in meinem Namen Strafanzeige gegen den Pflegekonzern, erstens wegen Betrugs an den Bewohnern, die ihre bezahlte Pflege nicht wie vertraglich vereinbart erhielten, und zweitens wegen Nötigung gegen die Mitarbeiter. Dies belegte er mit Beispielen, den Überlastungsanzeigen – es waren inzwischen elf an der Zahl, Dienstplänen und zahlreichen weiteren Dokumenten.

Die gleichen Informationen schickte er an das Landesamt für Arbeitsschutz, das für die Kontrolle der Arbeitsbedingungen in Berlin zuständig ist, und an den Aufsichtsrat des Konzerns, in dem Gewerkschaftsfunktionäre, eine Senatorin und weitere öffentliche Funktionsträger vertreten sind.

Mir war klar, mit dieser Strafanzeige legte ich mein Schicksal in die Hände von Staatsanwaltschaft und Justiz und setzte nicht zuletzt meine Existenz aufs Spiel. Würde den gefährlichen Pflegebedingungen in der Mahagoniallee nun ein Ende gesetzt?

Die Antwort der Konzern-Geschäftsführung erfolgte kurz und bündig auf einer DIN-A4-Seite. Sie argumentierte, dass die von meinem Anwalt aufgeführten Mängel «von den Pflegekassenverbänden grundsätzlich

nicht toleriert und zu einem Entzug des Versorgungs-
vertrages führen würden. Tatsächlich wurde die personelle Ausstattung in der Pflegeeinrichtung [...] im Jahr
2002 entsprechend der Empfehlung des Medizinischen
Dienstes der Krankenversicherung und der gesetzlichen
Vorgaben aufgestockt, sodass die Einrichtung eine be-
darfsgerechte, fachlich qualifizierte und dem allgemei-
nen Stand der medizinisch-pflegerischen Erkenntnisse
entsprechende Pflege und Versorgung der Bewohner
gewährleistet.»

Ich verstand die Welt nicht mehr. Dass die Geschäftsführung die offensichtliche Notlage der Bewohner und
die Überlastung des Personals so hartnäckig abstritt,
konnte ich nicht fassen. Es stimmte zwar, dass das Personal 2002 nach der MDK-Prüfung aufgestockt worden
war, aber zu Beginn des folgenden Jahres war diese Auf-
stockung wieder rückgängig gemacht worden, und in
den Monaten darauf wurde noch mehr Personal gekürzt.
Die beiden MDK-Berichte aus den Jahren 2003 und 2004
belegten entsprechend «eine angespannte Personalsituation und Defizite in allen Qualitätsbereichen» und
stellten einen «dringenden Handlungsbedarf» fest.

Wenige Tage später meldete sich mein Anwalt bei mir
und teilte mir mit, dass das Ermittlungsverfahren gegen
Cheffier eingestellt worden war. Zur Begründung habe
die Staatsanwaltschaft angeführt, wir hätten nicht genügend Anhaltspunkte für das «Vorliegen verfolgbarer
Straftaten» vorgelegt. Ich war sprachlos, brachte nur
hervor: «Jetzt haben sie mich zum Abschuss freigege-
ben.»

Und tatsächlich, meine schlimmsten Befürchtungen wurden wahr: Ich erhielt eine Kündigung wegen krankheitsbedingter Fehlzeiten. Die Nachricht verbreitete sich in meinem Freundes- und Bekanntenkreis wie ein Lauffeuer. Vor allem bei denen, die ich während der Montagsdemonstrationen kennengelernt hatte, löste die Mitteilung helle Empörung aus. «Wir müssen sofort etwas unternehmen!», rief Ilse aufgebracht. «Das ist doch nur ein vorgeschobener Grund. Ich rufe sofort die anderen an.» Ilse wusste als erfahrene Gewerkschafterin, was in solchen Momenten zu tun war, und nahm die Zügel in die Hand, wenn es sein musste. Während der jahrelangen juristischen und politischen Odyssee, die nun begann, sollte ich noch einige Male froh darüber sein.

Schnell bildete sich eine Gruppe von Menschen, die mich unterstützen wollte; viele von ihnen arbeiteten selbst im Gesundheitswesen und konnten meine Konflikte gut nachempfinden. Fast alle hielten zu mir, weil auch sie sich angegriffen fühlten. «Wir machen tagtäglich ähnliche Erfahrungen», sagte eine Krankenschwester, «ob es Kliniken sind oder Heime, wir müssen uns gemeinsam wehren.» Uns alle vereinte der Wunsch, etwas gegen die unmenschliche Gesundheitspolitik zu unternehmen.

Mitte Januar traf sich eine Vorbereitungsgruppe, deren Mitglieder ein Flugblatt schrieben, mit dem sie zur Gründung eines Solidaritätskreises einluden. Darin bezeichneten sie meine Kündigung als politische Disziplinierung, um die berechtigte Kritik vieler Beschäftigter im Gesundheitswesen mundtot zu machen – und sie forderten die Rücknahme meiner Kündigung. Wie ich mir menschenwürdige Pflegebedingungen vorstelle, hatten meine Unterstützer in einer Randspalte des Aufrufs eingebaut: «Ich wünsche mir, jeden pflegebedürftigen Menschen ohne Hast und Eile bei der Ernährung zu unterstützen, so oft bei den Ausscheidungen zu unterstützen, wie er es benötigt, bei der Körperpflege zu unterstützen, wie er es benötigt, die Möglichkeit eines Gesprächs zu bieten und die Möglichkeit einer optimalen Begleitung in seiner letzten Lebensphase zu bieten. Schließen wir uns zusammen!»

Die Mitglieder der Gruppe verteilten das Flugblatt in ihrem Arbeitsumfeld und in den Einrichtungen von Cheffier. Ich schickte es an meine Arbeitsstelle in der Mahagoniallee, wo es ebenfalls verteilt wurde.

Eine solche Solidarität hatte ich noch nie erlebt! Endlich fühlte ich mich mit meinem Anliegen nicht mehr allein.

Flugblatt mit Folgen

Angeregt durch das Flugblatt trafen sich zwanzig Leute aus unterschiedlichen Berufsgruppen, Medizinpädagogen, Kita-Erzieherinnen, Krankenschwestern und Pfleger, einfache Arbeiter, Angehörige von Pflegebedürftigen und Senioren, und gründeten den politisch und finanziell unabhängigen «Solidaritätskreis Menschenwürdige Pflege». Als Ziel legten sie fest, für die Rücknahme meiner Kündigung zu kämpfen.

Kurz nach der Gründung des Solikreises wurde prompt eine zweite Kündigung gegen mich ausgesprochen. Der Personalreferent begründete sie damit, dass ich die Initiatorin des Flugblattes gewesen sei und mein Verhalten dem Unternehmen schwersten wirtschaftlichen Schaden zufügen, im schlimmsten Fall sogar zur Kündigung des Versorgungsauftrags führen könne. Darüber hinaus könne bei Einschaltung der Öffentlichkeit in der Bevölkerung der Eindruck entstehen, dass an meinen Vorwürfen etwas Wahres dran sei.

Es erschien mir völlig schleierhaft, wie ein Mitarbeiter mehrmals gekündigt werden konnte, aber mein Anwalt klärte mich darüber auf, dass das juristisch durchaus möglich sei.

Ich fand diese Doppelkündigung feige. Die Geschäftsführung hatte nicht einmal das Rückgrat, in eine Auseinandersetzung über die Zustände im Altenheim zu gehen. Stattdessen wollte sie mich zum Schweigen verdammen, versuchte, mir und auch meinen Kollegen einen Maulkorb zu verpassen: Das erste Mal war mir gekündigt worden, damit andere Mitarbeiter davor zurückschrecken sollten, Kritik an den Arbeits- und Pflegebedingungen zu äußern. Nachdem sich trotzdem ein Solidaritätskreis entwickelt hatte und ich meine Kollegen an der Arbeitsstelle darüber informierte, wurde das ein zweites Mal sanktioniert.

Nicht im Traum hätte ich gedacht, dass ein Flugblatt die Geschäftsführung so in Aufruhr versetzen könnte. Bis zu diesem Zeitpunkt ging ich davon aus, dass man seine Meinung frei äußern kann. Doch nun begann ich daran zu zweifeln. Das Verteilen von Flugblättern – ein

Mittel der Information für diejenigen, die wenig Macht und Geld haben – zu unterbinden erschien mir völlig undemokratisch.

Andererseits – was konnte ich anderes erwarten, als dass mit harten Bandagen gekämpft würde? Ich hatte es schließlich nicht mit einem kleinen Arbeitgeber ohne Einfluss zu tun, sondern mit einem mächtigen Konzern, der Millionenumsätze machte und seine wirtschaftlichen Interessen durchsetzen wollte.

Doch die harte Reaktion der Geschäftsführung mobilisierte meine Kräfte erneut, da sie bei mir Erinnerungen an meinen Vater wachrief. Er war für eine Welt ohne Ausbeutung und Unterdrückung eingetreten und wurde 1933 schließlich von den Nazis lange Jahre wegen Hochverrats eingesperrt, weil er Flugblätter gegen den Faschismus gedruckt und verteilt hatte. Später musste er im «Strafbataillon 999» Bomben entschärfen. Noch nie fühlte ich mich meinem Vater so nah wie zu diesem Zeitpunkt. Die Zeiten haben sich natürlich geändert, aber der Gedanke an meinen Vater gab mir neue Kraft zum Kämpfen, statt mich resignieren zu lassen und zum Einlenken zu bewegen.

Vor allem fühlte ich mich vollkommen ungerecht behandelt. Ich hatte doch zuvor alles versucht, um betriebsintern etwas zu verändern! Meine Hoffnung lag jetzt – trotz meiner Erfahrung mit der Staatsanwaltschaft – bei den Gerichten. Ich sagte mir, dass man jedes Problem rechtsstaatlich lösen könne. Die Richter würden sofort das unterdrückerische Gedankengut aus der Kündigung herauslesen, da war ich mir sicher. Jemandem wegen der «Initiierung eines Flugblattes» zu kündigen

– was für einem Denken entstammt eine solche Begründung?

Im Frühjahr 2005 fand am Arbeitsgericht in Berlin die erste Verhandlung statt, in der es um die «krankheitsbedingte» Kündigung ging. Der Gerichtssaal war gut gefüllt, vor dem Gebäude hatten sich einige Menschen zu einer Solidaritäts-Kundgebung zusammengefunden. Auch der Berliner Fernsehsender «RBB» erschien zum Prozessauftakt.

Die Verhandlung selbst war schnell beendet. Ich war überrascht, dass die Richterin weder nach den Ursachen meiner Erkrankung fragte noch die Tatsache erwähnte, dass der Betriebsrat die Zustimmung zur Kündigung verweigert hatte. Sie setzte die eigentliche Verhandlung dann unter Auflagen an, mein Arbeitgeber sollte weitere Informationen zum Personalschlüssel und zum Krankenstand in dem Heim nachreichen.

Wenige Wochen danach, Mitte März, begann ein weiterer Prozess am Arbeitsgericht, in dem es um die fristlose Kündigung wegen des Flugblattes ging. Die Argumentation meines Arbeitgebers stieß bei dem Richter auf Unverständnis, und so lenkte Cheffier ein und bot mir eine außergerichtliche Einigung inklusive Abfindung an. Die lehnte ich ab, denn das hätte ich als Schuldeingeständnis empfunden. Eine Einstellung des Verfahrens hätte außerdem dazu geführt, dass sich an den Missständen und der Unterversorgung in der Mahagoniallee nichts verändern würde. Gestärkt durch die Unterstützung des Solidaritätskreises erklärte ich, dass ich dem Druck zur «gütlichen Einigung» nicht nachgeben werde. Als ich den angebotenen Vergleich ablehnte, merkte ich sofort, dass es für mich als Altenpflegerin genau die richtige Entscheidung war.

Kur und Krise

Zur Erholung von meinen psychosomatischen Beschwerden bin ich noch im Frühjahr für sechs Wochen zur Kur gefahren. Hätte ich nur vorher gewusst, was mich dort erwartete! Einem der Psychologen zeigte ich das Flugblatt des Solikreises, um ihm zu erläutern, unter welchem Stress ich stand und dass ich völlig fertig war. Er meinte trocken: «Sie haben sich zu weit aus dem Fenster gelehnt. Wissen Sie, was früher mit den Leuten gemacht wurde, die sich in die vorderste Front gestellt haben? Sie wurden erschossen!»

Als ob mir solche Aussagen helfen könnten, mit meinen Kündigungen klarzukommen … Wollte er damit zum Ausdruck bringen, dass ich mich zu wenig geschützt hatte? Dass es nötig sein könnte, mich gegen die Missstände zur Wehr zu setzten, war für ihn kein Thema. Der Psychologe versuchte mich mit seiner Holzhammermethode wieder zum Funktionieren zu bringen; ihm ging es nur darum, mich für den Arbeitsmarkt fit zu machen, was mich tief verletzte.

Meine Ärztin hatte zuvor eine akute Belastungsstörung festgestellt, die eine besondere Behandlung erfordert hätte. Ich war traumatisiert, weil ich zur Deckung der Missstände gezwungen worden war, obwohl mir dies innerlich widerstrebte. Wenn ich hier, bei psychologisch ausgebildeten Menschen, keine Hilfe bekam, bei wem dann? Wieder einmal war ich schwer enttäuscht.

Innerhalb weniger Wochen kapselte ich mich immer stärker ab, bis zur Resignation. Ich sah keinen Sinn mehr im Kämpfen, wollte mich nicht mehr aufreiben, wollte nur noch meine Ruhe haben.

«Ich gehe jetzt in die Erwerbsunfähigkeit», teilte ich schließlich dem Psychologen mit. «Jetzt gehen Sie doch nicht vollständig auf Rückzug», meinte dieser. «Sie sind durchaus noch in der Lage zu arbeiten und einen Dienst für die Allgemeinheit zu leisten. Warum wollen Sie dem Sozialsystem zur Last fallen?»

Da gab es nichts mehr zu reden, ich fühlte mich völlig unverstanden.

Zu meiner Genesung hatte dieser Kuraufenthalt jedenfalls nicht beigetragen, im Gegenteil: Völlig in mich gekehrt und entmutigt kehrte ich nach Berlin zurück. Die anderen im Solikreis erkannten mich kaum wieder, denn sie hatten mich als resolute Frau kennengelernt, die klar sagt, was sie denkt, und für ihre Ziele einsteht. Und jetzt so eingeschüchtert?

Mit einigen von ihnen führte ich lange Gespräche. «Wenn du dich in dein Schneckenhaus flüchtest, fällst du noch mehr in die Krankheit zurück», warnte mich Ilse, «ich sehe ja, dass du dich erholen und wieder Kräfte tanken musst, aber wenn du aufgibst, würdest du dich immer als Verliererin fühlen. Dann gerätst du wahrscheinlich in noch tiefere Depressionen.»

Doch in dieser Zeit hatte ich keine Kraft zur Gegenwehr. Ich war mir unsicher, für wen und was ich eigentlich kämpfe, hatte jeglichen Halt verloren. So viele

Hoffnungen waren zerplatzt wie Seifenblasen. Ich hatte auf die Staatsanwaltschaft und die Gerichte vertraut. Nun schien alles vergebens, zumal die Repressalien des Konzerns kein Ende nahmen: Ich erhielt eine dritte Kündigung, weil in einem Presseartikel Informationen über die Missstände im Heim veröffentlicht worden waren – Informationen, die der Solikreis und nicht ich, wie der Konzern als Kündigungsgrund angab, an die Presse weitergegeben hatte.

Doch damit nicht genug. Die Pflegedienstleitung hatte von meinen Kollegen mit Nachdruck verlangt, eine Erklärung gegen mich zu unterschreiben. «Wir, die Kollegen der ehemaligen Mitarbeiterin Brigitte, möchten uns von den Vorwürfen der schlechten und unterlassenen Pflege in unserem Haus distanzieren. Wir können zum jetzigen Zeitpunkt feststellen, dass wir seit dem Ausscheiden der Kollegin Brigitte eine ausgeglichene und gute Arbeitsatmosphäre in unserem Team haben. Jeder Kollege unseres Teams ist bereit, den Versorgungsauftrag so sicherzustellen, wie unsere Bewohner es benötigen und wünschen.»

Diese Erklärung wirkte auf mich wie ein Appell zur Selbstzensur. Wie ist es möglich, dass in einer freiheitlichen Demokratie solche Methoden eingesetzt und, noch schlimmer, von den Kollegen hingenommen werden? Dabei waren sie selbst doch diejenigen, die unter den schlechten Arbeits- und Pflegebedingungen – für die der Arbeitgeber verantwortlich war – zu leiden hatten! Lediglich zwei meiner Kollegen ließen sich nicht benutzen, alle anderen gaben ihre Unterschrift ab.

Halt fand ich bei meinen Mitstreitern im Solikreis.

Sie sicherten mir ihre Unterstützung zu und machten mir Mut, dass schon viele Menschen ihre Kündigungsschutzklagen gewonnen hatten. Angetrieben von den Gedanken an die Pflegebedürftigen, die über Stunden in nassen Windeln lagen, hungern mussten und den ganzen Tag keine persönliche Ansprache hatten, entschloss ich mich, weiterzukämpfen.

Kurze Ermittlungen

Im Mai wurde ich von der Polizei vernommen. Mein Anwalt hatte zuvor die Staatsanwaltschaft aufgefordert, die Ermittlungen wieder aufzunehmen, weil der Konzern die Bewohner und Angehörigen mit dem Versprechen, Pflege in höchster Qualität zu leisten, wissentlich täusche. Er kritisierte, wie schnell das Verfahren eingestellt worden war, obwohl alle Voraussetzungen einer Strafbarkeit vorlagen, und schrieb: «Ich frage mich daher, ob die Größe des Verfahrens und seine politische Dimension – [der Konzern] ist ein landeseigenes Unternehmen – einen Einfluss auf die Einstellung gehabt haben.»

Bei dem Anhörungstermin forderten die Beamten mich auf, die Namen der Mitarbeiter zu nennen, die Dokumentationen falsch abgezeichnet hätten. Aber Kollegen anzuschwärzen, die dann als Sündenböcke hingestellt würden, kam für mich nicht in Frage. Stattdessen belegte ich mit den kopierten Dokumenten die Personalknappheit. Ausgehend von den Pflegestufen der Bewohner rechnete ich den Ermittlern vor, dass in meinem Wohnbereich im Herbst 2004 bei rund 4400 von den Kassen genehmigten Pflegeminuten pro Tag laut Dienstplan tatsächlich nur rund 2800 Minuten geleistet wurden. Die Staatsanwaltschaft solle diese personelle Unterbesetzung überprüfen, forderte ich. Was passierte mit der Differenz, täglich rund 1600 Minuten Arbeitszeit? Schließlich erstatteten die Krankenkassen die 4400 Pflegeminuten – der Konzern kassierte das Geld und enthielt den alten Menschen die Leistungen vor.

Das Verfahren wurde jedoch im gleichen Monat erneut eingestellt. Der Oberstaatsanwalt verwies auf die «arbeitsvertraglichen Treuepflichten der Pflegekräfte». Es sei außerdem nicht «Aufgabe der Strafverfolgungsbehörden, Ermittlungen wegen Vermutungen oder allgemeiner Missstände durchzuführen». Anhaltspunkte für Betrug oder Täuschung erkannte er nicht und lehnte weitere Ermittlungen ab.

Die drei Kündigungen gegen mich blieben also vorerst bestehen, während der Konzern alle Nachforschungen vom Leib hatte. Die Reaktion des Oberstaatsanwalts schwächte auch – juristisch gesehen – empfindlich meine Kritik an den Missständen. So blieb ungewiss, ob ich die Rückkehr in den Betrieb erzwingen könnte: Meine Klagen gegen die ersten beiden Kündigungen waren noch nicht entschieden, die dritte – wegen des Zeitungsartikels – war zurückgestellt worden. Würde eine davon scheitern, wäre mein Rausschmiss bei Cheffier rechtskräftig, und der Konzern könnte sich mit einer weißen Weste präsentieren.

Schlagabtausch vor Gericht

«Es gibt eben unterschiedliche Menschen mit unterschiedlicher Mentalität», sagte die Richterin mit kühler Stimme. Ich hätte vielleicht «nicht die richtige Konstitution für diese Arbeit», jeder ginge anders mit beruflichen Belastungen um.

Der Termin im Juni 2005 vor dem Arbeitsgericht wegen der krankheitsbedingten Kündigung fing nicht gerade vielversprechend an.

Die latente Spannung im Gerichtssaal, in dem Mitglieder des Solidaritätskreises, Montagsdemonstranten und ein Mitglied des Betriebsrats saßen, stieg, nachdem die Richterin meinte, dass meine Argumente nicht ausreichend seien und nicht klar werde, dass der Konzern gesetzliche Vorgaben missachte. Mit dem Argument, dass der MDK bereits 2003 angedroht hatte, das Heim aufgrund erheblicher Mängel zu schließen, und mit den elf Überlastungsanzeigen versuchten mein Anwalt und ich, mehr Sachlichkeit in den Prozess zu bringen.

Der Personalreferent von Cheffier konnte natürlich nichts davon widerlegen, also führte er bloß den überdurchschnittlichen Krankenstand von mir und mehreren Kolleginnen an, die mit mir die erste Überlastungsanzeige unterschrieben hatten. Die Verhandlung wurde schließlich ergebnislos vertagt. Mein Arbeitgeber sollte neue Beweise vorlegen, um die krankheitsbedingte Kündigung zu rechtfertigen.

Zwei Monate später ging es vor dem Arbeitsgericht um die zweite Kündigung. In diesen Prozess, zu dem wieder rund dreißig Unterstützer kamen, war ich sehr siegesbewusst hineingegangen. «Natürlich habe ich Strafanzeige gegen meinen Arbeitgeber gestellt», sagte ich. Mein Anwalt hatte neben den Überlastungsanzeigen Auszüge aus dem MDK-Bericht von 2003, Dienstpläne, Arztbriefe und vieles mehr in der Hand. Der Richter lenkte den Blick auf die Kräfteverhältnisse und sagte, ein großer Konzern müsse es auch auf seinen breiten Schultern tragen können, wenn ein kritisches Flugblatt in Umlauf gebracht wird. Er hob die Kündigung auf und verwies in der Begründung auf Artikel 5 des Grundgesetzes, welcher die Meinungsfreiheit garantiert: «Mit der überragenden Bedeutung des Grundrechts aus Artikel 5 Abs. 1 GG wäre es unvereinbar, wenn das Grundrecht in der betrieblichen Arbeitswelt, die für die Lebensgrundlage zahlreicher Staatsbürger wesentlich bestimmt ist, gar nicht oder nur eingeschränkt anwendbar wäre.»

Die zweite Kündigung wurde damit außer Kraft gesetzt, aber die Gegenseite legte im November Berufung ein. Nach ihrer Meinung hatte ich im öffentlichen Dienst eine «gesteigerte Treuepflicht». Vor allem führte sie aber mögliche wirtschaftliche Nachteile an, weil sie durch negative Berichte in den Medien «Kunden» verlieren könnte.

Anfang Dezember veröffentlichte die Abteilung «Unternehmenskommunikation und Marketing» die neuesten «Erfolgsmeldungen» der Pflegesparte von Cheffier. In den ersten neun Monaten 2005 waren drei Millionen Euro Gewinn erzielt worden. «Das Plus [...] zeigt uns, dass unsere Sanierungsmaßnahmen gegriffen haben», erklärte der Vorsitzende der Geschäftsführung.

Meinte die Konzernleitung etwa, die Kollegen könnten nicht rechnen? Mehr als 20 Millionen Euro waren mit einem sogenannten Nottarifvertrag, also dem Verzicht auf Weihnachts- und Urlaubsgeld, sowie der Ausgliederung von Mitarbeitern in Tochterunternehmen, Dumpinglöhnen, unentgeltlichen Überstunden, Personalabbau und einer unerträglichen Arbeitsbelastung aus den Kollegen und nicht zuletzt aus den Patienten herausgepresst worden.

Immer wieder, wenn ich mit Kollegen bei Cheffier sprach und sie mir von ihrer Arbeit berichteten, waren sofort die alten Bilder präsent und lösten in mir Trauer und Wut aus.

Lichtblicke

Der einzige Lichtblick in dieser Zeit war, dass meine monatelange Stellensuche endlich zum Erfolg geführt hatte. Meine Zeugnisse, mein Auftreten und meine Offenheit – ich hatte keinen Hehl aus meinen Konflikten mit Cheffier gemacht – hatten einen neuen Arbeitgeber überzeugt, der meine Grundhaltung guthieß und mich unter anderem deshalb einstellte. Im Herbst 2005 fing ich an, als Altenpflegerin in einer Wohngemeinschaft für Demenzerkrankte zu arbeiten. In der WG herrschte eine familiäre Atmosphäre, keiner der alten Menschen musste den Tag abgeschoben und ohne Ansprache im Zimmer verbringen. Ich konnte den Einzelnen meist mit so viel Zeit pflegen, wie es gut für seine Bedürfnisse ist. Stark beeindruckt hat mich die Entwicklung einer Bewohnerin, die bettlägerig war, als sie bei uns einzog. Sie wurde über eine Magensonde ernährt und reagierte kaum, wenn man sie ansprach. Heute sitzt sie erzählend und lachend am Tisch und beißt genüsslich in ein Butterbrot. Diese Erfahrung bestärkte mich in meinem Kampf für eine bessere Pflege. Ich erlebte, dass die alten Menschen nicht zwangsläufig abbauen müssen, sondern bei guter Betreuung aktiv in der Gemeinschaft leben können.

Seitdem ich an meiner neuen Arbeitsstelle tätig bin, bin ich nicht mehr darauf angewiesen, Antidepressiva zu nehmen. Trotz der weiterhin anstrengenden Auseinandersetzung mit meinem vorherigen Arbeitgeber hatte ich mich gesundheitlich erholt und fand einen normalen Zugang zum Arbeitsalltag.

Nicht nur meine Arbeitssituation hatte sich wesentlich verbessert. Ganz viel Kraft gewann ich auch daraus, dass ich weiterhin jeden Montag auf die Straße ging und demonstrierte. Dort traf ich Mitstreiter, die sich nicht ihrem Schicksal ergaben und resignierten, sondern mutig und selbstbewusst für ihr Recht auf ein menschenwürdiges Leben eintraten. Beeindruckend war für mich auch die Einstellung dieser Menschen, dass nur wir alle gemeinsam, egal, ob jung oder alt, ob mit Arbeit oder ohne, ob krank oder gesund, eine menschenwürdige Zukunft erstreiten können.

Ein fatales Urteil

Vor dem Gerichtssaal sprach mich eine Reporterin der
«Bild» an. Sie begründete ihr Kommen damit, dass die
Zustände in den Berliner Krankenhäusern und in der
Altenpflege ein Reizthema für die Bevölkerung seien,
und die Willkür gegen mich sei für ihre Zeitung von
Interesse. Auch andere Medien waren reichlich vertre-
ten, als im Februar 2006 die Berufungsverhandlung vor
dem Landesarbeitsgericht begann.

Im Mittelpunkt der Debatte stand die Kündigung
wegen des Flugblatts, die zuvor für nichtig erklärt worden war. Doch mein Anwalt konnte noch so gut argu-
mentieren – diesmal schmetterte die Richterin alle Sach-
vorträge sofort ab und ließ während der Verhandlung
keine inhaltliche Auseinandersetzung zu. Gleich zu Beginn des Prozesses kritisierte sie, dass ich das Recht auf
freie Meinungsäußerung gegen die Geschäftsinteressen
des Konzerns «missbraucht» habe. Unangemessen sei es
vor allem, dem Konzern vorzuwerfen, ihm gehe es um
Profit auf Kosten der Patienten. Dabei hatte der Konzern
im Geschäftsbericht ja selbst von «Profitcentern» gesprochen. Nicht nur mich wunderte es, wie vehement
die Richterin Position gegen mich bezog.

Der Vertreter von Cheffier unterstellte mir erneut,
ich hätte das Flugblatt des Solidaritätskreises «Menschenwürdige Pflege» initiiert. Da dies nicht den Tatsachen entsprach, wurde als weiterer «Beweis» her-
angezogen, dass ich das Flugblatt zu einer Kollegin an
den Arbeitsplatz gefaxt hatte. Die Verhandlung wurde
erneut vertagt. Ich hatte innerhalb von drei Wochen

die Missstände und die Fehler des Konzerns zu belegen. Somit sollte ich die Arbeit der Staatsanwaltschaft übernehmen, die normalerweise für das Sammeln von Beweisen zuständig ist.

Am Folgetag erschienen Berichte in der «Bild» und der «Berliner Morgenpost». Ein Fernsehteam des «RBB» sendete in der «Berliner Abendschau» einen dreiminütigen Beitrag; auch ich kam darin zu Wort. Erleichtert saß ich abends vor dem Fernseher, denn nach langem Ringen wurde nun meine Sichtweise endlich auch von einem großen Publikum wahrgenommen. Der Vertreter von Cheffier musste in der Sendung zugeben, dass zumindest bis Ende 2003 Missstände herrschten.

Als der Prozess im März fortgesetzt wurde, stand plötzlich nicht mehr das Flugblatt im Mittelpunkt, sondern die Strafanzeige, die ich mehr als ein Jahr davor gestellt hatte. Das entsprechende Schreiben hatte mein Arbeitgeber so kurzfristig eingereicht, dass mein Anwalt nicht darauf reagieren konnte. Die Richterin hatte den neuen Kündigungsgrund sogar selbst ins Spiel gebracht. Nun behauptete sie, ich hätte in der Strafanzeige gelogen, schließlich hätte die Staatsanwaltschaft die Ermittlungen eingestellt.

Zwar wollte die Richterin verhindern, dass ich selbst zu den Vorwürfen Stellung bezog, aber ich ließ mir nicht den Mund verbieten und stellte verschiedene Fälle im Einzelnen dar. Meine Schilderungen wurden jedoch nicht ins Protokoll aufgenommen und als «nicht zur Sache gehörend» abgewiesen. Das Gericht stellte schließlich ohne Prüfung meiner Argumente fest, dass die in der Strafanzeige vorgebrachten Vorwürfe in der

Sache haltlos seien und der Konzern berechtigt sei, das Arbeitsverhältnis fristlos aufzulösen. Das Urteil baute auf der These auf, ich würde angeblich eine Kampagne gegen den Konzern führen, bei der es mir gar nicht um die Menschen ginge. Die Richterin schloss eine Revisionsmöglichkeit aus, dann verließ sie eilig den Saal.

Ich war entsetzt, mir ging in diesem Moment jeder Glaube an die Justiz verloren. Schon beim Auftakt hatte ich den Eindruck gehabt, dass die Richterin befangen war. Mein Anwalt und viele Gäste waren außer sich über die Ignoranz, mit der sie all unsere Belege beiseitegewischt hatte. Ihre Urteilsbegründung setzte klare Prioritäten: Die «freie wirtschaftliche Betätigung» hat Vorrang vor Arbeitnehmerinteressen.

Das Recht der alten Menschen auf körperliche Unversehrtheit und das Recht der Mitarbeiter auf freie Meinungsäußerung trat also hinter die wirtschaftlichen Interessen zurück. Wohin soll eine solche Urteilsbegründung führen? Welche Möglichkeit blieb Altenpflegern noch, gefährliche Pflegebedingungen zu kritisieren?

Eine E-Mail, die ich im Anschluss an das Urteil erhielt, brachte dies sehr schön auf den Punkt: «Unabhängig davon, wer in diesem konkreten Fall recht hat: Nach diesem Urteil darf eine Arbeitnehmerin, wenn sie mit eigenen Augen sieht, wie ihr Arbeitgeber Dioxin in den Wannsee kippt, nur dann zur Polizei gehen, wenn sie im Voraus weiß, dass den zuständigen Stellen der Tatnachweis gelingt.»

Das Recht wurde nicht nur in den Augen von juristischen Laien auf den Kopf gestellt. Auch Dieter Deiseroth, Richter am Bundesverwaltungsgericht in Leip-

166

zig, kritisierte in einem juristischen Fachbeitrag die verkehrte Auslegung des Grundgesetzes durch das Landesarbeitsgericht. Das Bundesverfassungsgericht hatte nämlich 2001 entschieden: «Auch die Wahrnehmung staatsbürgerlicher Rechte im Strafverfahren kann – soweit nicht wissentlich unwahre oder leichtfertig falsche Angaben gemacht werden – im Regelfall aus rechtsstaatlichen Gründen nicht dazu führen, daraus einen Grund für eine fristlose Kündigung eines Arbeitsverhältnisses abzuleiten.»

Es ging also um die zentrale Frage, was der «Regelfall» ist und was die Ausnahme. Nach Ansicht von Deiseroth darf die fristlose Kündigung eines Mitarbeiters, der eine Strafanzeige gegen den Betrieb gestellt hat, nur im Ausnahmefall vom Gericht bestätigt werden. Und es müsste in meinem Fall den Beweis führen, dass ich mit meiner Strafanzeige unwahre oder leichtfertig falsche Angaben gemacht habe. Mit dem Urteil des Landesarbeitsgerichts wurde die Beweislast jedoch umgekehrt, denn *ich* sollte nachweisen, wer im Konzern welche strafbaren Handlungen verübt hatte.

Am schlimmsten hatten die Bewohner im Pflegeheim unter diesem Urteil zu leiden, weil die Geschäftsführung von Cheffier damit einen Freibrief für ihre unverantwortlichen Stellenkürzungen erhielt. Die Menschen dort konnten sich nicht wehren, wie jene alte Frau zum Beispiel, die der MDK nur vier Wochen nach dem Prozess im unterernährten Zustand in der Mahagoniallee fand. Sie wog bei einer Körpergröße von 1,54 Metern nur noch 35 Kilogramm. In den zehn Wochen seit ihrem Einzug hatte sie sieben Kilo verloren, Anzeichen von Flüssigkeitsmangel wurden festgestellt. Seit zweieinhalb Monaten war sie weder gebadet noch geduscht worden.

Breite Unterstützung

Mein Anwalt erhielt Post von einer Angehörigen, die einen Artikel über den Prozess gelesen hatte. Ihrer Mutter, die Jahre in einer anderen Pflegeeinrichtung von Cheffier gelebt hatte, waren die personellen Engpässe – die auch in ihrer Einrichtung herrschten – nicht entgangen. Da sie zuvor im Gesundheitswesen gearbeitet hatte, konnte sie die Situation ganz gut beurteilen, sie war bloß nicht so stark betroffen, weil sie noch weitgehend selbständig war. Die Tochter schrieb, dass sie über viele Monate überhöhte Rechnungen erhalten hatte und der Konzern erst durch einen Vergleich beim Amtsgericht zum Verzicht auf seine Forderungen in fünfstelliger Höhe gezwungen werden konnte. Aus Angst vor Repressalien hatten beide ihre Erfahrungen damals nicht publik gemacht. Die Frau hatte in ihrem Brief Zeitungsberichte über Skandale in Krankenhäusern von Cheffier mitgeschickt, die ich zum Teil noch nicht kannte. Sie zeigten, zu welchen dramatischen Engpässen in der Versorgung der Personalabbau auch in den Kliniken führte: Patienten hatten zum Beispiel bis zu zwölf Stunden in der Notaufnahme warten müssen; bei Toten hatten Bestatter in offen gelassenen OP-Wunden Klinikmaterial wie Schläuche und Ähnliches gefunden.

Bei dem Gedanken daran lief es mir kalt den Rücken herunter. Die Zeilen der Frau bestärkten mich, trotz der schmerzhaften Niederlage vor Gericht nicht aufzugeben. Wie viele Menschen in der Stadt waren noch von der knallharten «Sanierungspolitik» betroffen? Ich konnte es bestenfalls ahnen.

Selbst wenn ich einkaufen ging, sprachen mich inzwischen wildfremde Menschen an und erzählten mir von ihren Problemen mit Pflegeheimen. Mut schöpfte ich aus einem Artikel über die Proteste von überlasteten Ärzten eines Berliner Klinikums, das auch zu Cheffier gehört. Die gemeinsamen Briefe, mit denen sie couragiert und medienwirksam gegen die Sparpolitik vorgingen, gaben mir eine Idee davon, was organisiertes Handeln bewirken kann.

Meine Chance sah ich darin, dass auch ich zunehmend zusammen mit anderen Menschen agierte. Nur dann konnte ich als einfache Altenpflegerin den öffentlichen Druck erhöhen und die harten Kämpfe durchstehen. Obwohl der Prozess verloren schien, löste sich der Solikreis nicht auf, sondern erweiterte sogar seinen Aktionsradius. Zusammen mit der Dienstleistungsgewerkschaft Verdi verfasste er ein Schreiben, in dem die Realität in den Pflegeheimen von Cheffier aus Sicht der Beschäftigten geschildert wurde. Dem zuständigen Verdi-Fachbereich lagen zahlreiche Beschwerden des Cheffier-Personals über unzumutbare Arbeitsbedingungen vor. Verdi begrüßte offiziell die Arbeit des Solidaritätskreises, was mir im Betrieb neue Rückendeckung gab. Die gemeinsame Erklärung wurde im ganzen Konzern verteilt.

Durch die vielen Gespräche und die Solidarität war es mir möglich, die tiefe Enttäuschung nach dem Richterspruch zu verarbeiten. Unterstützung erhielt ich aus allen Richtungen, von linken Gruppen bis zum bürgerlichen Spektrum. Im Grunde wandten sich alle gegen die menschenverachtende Haltung, die hinter dem Urteil zu erkennen ist. Unterschiede gab es bloß in den Ideen, wie die Missstände gelöst werden sollten.

Auf Tuchfühlung mit den Medien

Ich kam gerade von einem Spaziergang mit dem Hund zurück, da fing das Faxgerät an zu surren. Eine Kollegin aus der Mahagoniallee faxte eine optimistische Nachricht: «Hier im Haus ist der Teufel los. Alles putzt und räumt. Am […] kommt die Heimaufsicht. Zwischendurch kommt noch die Hygiene ins Haus. Gestern sollen welche mit einer Kamera im Haus gewesen sein. Den Artikel in der Zeitschrift haben wir alle gelesen. Es tut sich was!»

Neue Hoffnung keimte in mir auf, dass nun eine Klärung im Sinne der Bewohner und Pflegekräfte über öffentliche Institutionen möglich wäre. Da die Heimaufsicht dem Landesamt für Gesundheit und Soziales unterstellt war, würde endlich ein Einschreiten der Politik erfolgen, dachte ich.

Nach ein paar Wochen stellte sich aber auch diese Hoffnung als Trugschluss heraus, wieder blieb alles beim Alten. Dieses Hin und Her zermürbte mich.

Eine meiner größten Hoffnungen bestand jetzt darin,

dass die Medien als «vierte Gewalt» regulierend ein-
greifen würden. Wenn umfassend über die Missstände
informiert würde, müssten die Ermittlungen der Staatsanwaltschaft wieder aufgenommen und alle Fakten auf
den Tisch gelegt werden!

Durch den Tipp eines Mannes, der seit Jahren für
eine menschenwürdige Pflege kämpft, bekam ich
schließlich Kontakt zu Gottlob Schober, einem engagierten Journalisten von «Report Mainz», der großes
Interesse an meinem Fall zeigte. In einem längeren Gespräch erzählte ich ihm von meinen Erlebnissen und
den Versuchen, etwas an den Missständen zu ändern.
In den nächsten Wochen folgten unzählige gemeinsame Gespräche, in denen er nach immer neuen Details
fragte. Es tat mir gut zu erleben, wie intensiv er und
das gesamte Fernsehteam sich mit den Unterlagen und
den zusammengetragenen Informationen auseinander-
setzten. Entgegen den häufig vermittelten Vorurteilen,
die Medien arbeiteten oberflächlich und ihnen ginge es
nur um Sensationen, hatte ich den Eindruck, dass es
Gottlob Schober um eine sachliche und korrekte Aufklärung ging.

Mit dem Fernsehbericht von «Report Mainz» wurde
mein Fall im Juli 2006 bundesweit bekannt, und tatsächlich brachte er neue Fakten an die Öffentlichkeit.
Eine Expertin vom MDK bezeichnete die Mängel in der
Mahagoniallee als «so gravierend für die Lebensqualität
der Bewohner», dass das Prüfergebnis – das Heim war
im April erneut kontrolliert worden – der letzte «Warn-
schuss vor der Schließung der Einrichtung» sei.

Der Sprecher des Landesarbeitsgerichts betonte hingegen erneut, mit der Strafanzeige habe ich die «Loyalitätspflicht» gegenüber meinem Arbeitgeber verletzt. Das Gericht habe «den Schluss gezogen, dass diese Anzeige leichtfertig, ins Blaue hinein gestellt wurde». Auf Nachfrage des Journalisten, wie das «leichtfertige» Stellen der Anzeige zu belegen sei, antwortete er: «Ob die Missstände da waren oder nicht, hat das Gericht nicht festgestellt.»

Für mich war es eine große Genugtuung, dass ich am Fernsehen mit ansehen konnte, in welche Widersprüche sich die Verantwortlichen verwickelten. So fand ich es nur zu bezeichnend, dass die Geschäftsführung von Cheffier einen Drehtermin im Heim verweigert hatte und selbst ein Interview vor der Kamera abgelehnt wurde.

Der renommierte Münchener Pflegeexperte Claus Fussek kritisierte in dem Beitrag, das Urteil würde ein klares Signal setzen, dass «die wirschaftlichen Interessen eines Heimträgers ein höherwertiges Gut» als menschenwürdige Pflege seien.

Ich freute mich riesig über seine Aussage. Der Beitrag legte darüber hinaus offen, dass der MDK über Jahre hinweg wiederholt gravierende Missstände in der Mahagoniallee festgestellt hatte, und bestätigte so meine Strafanzeige.

Spätestens zu diesem Zeitpunkt hätten die Landespolitik und der Aufsichtsrat reagieren müssen. Die notwendigen Folgen blieben jedoch aus: Weder wurden personelle Konsequenzen gezogen noch die Ermittlungen wieder aufgenommen. Alle hüllten sich in Schweigen. Mein Anwalt musste beim Bundesarbeitsgericht eine sogenannte Nichtzulassungsbeschwerde einlegen, weil eine Revision durch das Landesarbeitsgericht ausgeschlossen worden war. Nur wenn diese Beschwerde Erfolg hätte, könnte ich in die nächste gerichtliche Instanz gehen. Ich verstand noch immer nicht, warum das Landesarbeitsgericht sich hatte belügen lassen, als der Konzern die Behauptung aufgestellt hatte, in dem Heim sei alles in Ordnung. Muss man nicht vor Gericht die Wahrheit sagen? Was wäre passiert, wenn *ich* das Gericht vorsätzlich belogen und es davon Kenntnis erhalten hätte?

Die «Report»-Sendung löste einen Domino-Effekt aus, in den nächsten Tagen meldete sich eine Reihe von Journalisten bei mir. Unter anderem erhielt ich einen Anruf vom MDR und wurde gefragt, ob ich mich als Kandidatin für den Fernsehpreis «Heldin des Alltags» zur Verfügung stellen würde. Die Idee zum «Brisant Brillant» Publikumspreis war 2002 während der Elbeflut entstanden, um Hilfsbereitschaft, Mut und Courage von Menschen wie du und ich auszuzeichnen.

Der Medienrummel war mir eigentlich zu viel, denn ich wollte nicht als weiblicher Robin Hood in der Öffentlichkeit auftreten. Mein Ziel war es, Pflegekräfte zusammenzuführen und gemeinsam mit ihnen für unseren Berufsstand einzutreten. Viele der engagierten Altenpfleger, zu denen ich Kontakt hatte, waren jedoch aufgrund ihrer – arbeitsbedingten – psychischen und physischen Verfassung nicht in der Lage, offensiv für ihre Rechte zu kämpfen.

Ich war unsicher, wie ich mit der Einladung des MDR umgehen sollte. Nach einigen Gesprächen mit Ilse und langem Überlegen kam ich zu dem Schluss, dass die Zuschauer noch mehr über die Situation im Pflegeheim erfahren sollten. Es wäre ein positiver Effekt, wenn manche von ihnen zum Nachdenken oder Handeln angeregt würden.

Also fuhr ich zusammen mit Ilse nach Dresden, wo die Sendung in der «gläsernen Manufaktur» produziert wurde. In dem Automobilwerk, durch dessen Glaswände die Prominenten und Besucher in die Werkhalle schauen können, finden größere Veranstaltungen statt. Als ich mit Ilse durch die luxuriösen Räume ging und sah, wie aufwendig alles gestaltet war, während die Arbeiter nebenan ihre Schicht fuhren, beschlich mich ein ungutes Gefühl: Eigentlich waren sie es, die das Geld für die pompöse Kulisse erwirtschafteten.

Wir wurden zu einem festlich gedeckten Tisch geführt, an dem auch die anderen Kandidaten saßen. Wir verstanden uns alle auf Anhieb, weil jeder Achtung vor dem Engagement des anderen hatte. Eigentlich hätten alle gemeinsam den Preis verdient. Die Zuschauer stimmten jedoch mit beeindruckender Mehrheit per Telefon für mich.

Nachdem das Ergebnis verkündet worden war, fühlte ich mich gespalten – einerseits freute ich mich, andererseits fand ich es widersinnig: Während ich gefeiert wurde, wusste ich, dass sich die Lage der Menschen im Altenheim durch diesen Preis nicht verbessern würde.

Da ich die Gelegenheit erhielt, eine kleine Rede zu halten, machte ich deutlich, dass die Missstände nur dann zu ändern seien, wenn sich viele Menschen gemeinsam und organisiert dafür einsetzten.

Mich beeindruckte sehr, wie offen mich alle – selbst Prominente – ansprachen, nachdem die Scheinwerfer ausgeschaltet waren. Eine junge Mitarbeiterin vom Sender sprach mit mir über ihre Mutter, die im Pflegeheim ebenfalls unter der schlechten Versorgung litt und sich bei den stetigen Streitigkeiten darüber mit der Heimleitung aufrieb. Mit einer solchen Offenheit, selbst über Gewissensbisse und Versagensängste zu sprechen, hatte ich nicht gerechnet. Doch mir wurde in diesem Moment auch klar, dass ich nicht alleine für alle anderen kämpfen kann.

Als die Sendung zu Ende war, stieg ich in eine Luxuslimousine, wie sie für jeden Gast bereitstand, um in ein 5-Sterne-Hotel zu fahren. Ein befremdliches Gefühl, und hätte Ilse nicht neben mir gesessen, wäre ich wohl gleich wieder ausgestiegen. Am nächsten Tag hatte ich Spätdienst und konnte nur schwer mit den unterschiedlichen Welten klarkommen.

Viel Zeit, um das Neue zu verarbeiten, hatte ich allerdings nicht, denn nach der Preisverleihung erhielt ich eine Reihe neuer Interviewanfragen. Nur eine Woche später war ich in die Talksendung «unter uns» eingeladen, in der Menschen zu Wort kommen, die einschneidende Erfahrungen im Alltag gemacht haben. Ich sollte von den Zuständen im Heim berichten und wurde gefragt, ob ich selbst in das Heim gehen würde, wenn ich pflegebedürftig wäre. Nach meinen Einblicken, die ich durch meine Arbeit gewonnen hatte, und der Enttäuschung über die staatlichen Kontrollinstanzen wollte ich mich keinem Träger mehr ausliefern. Deshalb fiel meine Antwort kurz und offen aus, das könne ich mir nur in einer sozialistischen Gesellschaft vorstellen, in der nicht der Profit, sondern der Mensch im Mittelpunkt stehe. Die Zuschauer im Studio applaudierten. Ich freute mich über die Zustimmung des Publikums, mit der ich so nicht gerechnet hatte. Das zeigte mir, dass ich mit meiner Meinung nicht alleine stand und es gut ist, sie ehrlich zu äußern – auch wenn ich damit anecken kann.

So wichtig die Medienauftritte waren, um die Bevölkerung über die Missstände zu informieren, wohler fühlte ich mich außerhalb der künstlichen Studiowelt, wenn ich den normalen Menschen auf der Straße begegnete. Deshalb schätze ich es umso mehr, dass mich meine Mitstreiter aus dem Solikreis zu den verschiedenen Fernsehauftritten begleiteten. Sie waren natürlich auch dabei, als im Herbst 2006 der bundesweite Sternmarsch der Montagsdemo-Bewegung stattfand. Zum ersten Mal im Leben sprach ich damals zu mehreren tausend Menschen. Neben mir auf der Rednertribüne standen sechs Mitarbeiterinnen eines Krankenhauses in Duisburg, denen gekündigt worden war. Sie hatten sich vor mehrere Auszubildende gestellt, die entlassen werden sollten, weil sie an einer Streikveranstaltung teilgenommen hatten. Daraufhin setzte sich ein großer Teil der Belegschaft mit zur Wehr. Heute sind alle fristlosen Kündigungen vom Tisch. Es war ermutigend zu sehen, dass Engagement und Einsatz etwas bewirken können.

Neue Horizonte

Nach einem Jahr an meiner neuen Arbeitsstelle hatte sich mein Gesundheitszustand stabilisiert, obwohl die intensive Arbeit mit Menschen, die an Demenz leiden, hohe psychische Anforderungen an einen stellt. Aber ich musste nach meinem Dienst nicht mehr mit einem schlechten Gewissen nach Hause gehen, sondern war mit dem, was möglich war, zufrieden. Die kleine Gruppe und der gute persönliche Kontakt ließen es zu, auf jeden individuell einzugehen. Wenn ich mit den Bewohnern an dem großen Esstisch in der gemütlichen Wohnküche saß und in die Runde blickte, fragte ich mich oft, wie es ihnen wohl ginge, wenn sie in dem Cheffier-Heim in der Mahagoniallee leben würden.

Erst bei meinem neuen Arbeitgeber wurde mir klar, wie stark ich in den Jahren zuvor von der Fließband-pflege geprägt gewesen war. Mit der Zeit kamen jetzt alle verschütteten positiven Erfahrungen, wie ich pflegen kann, wieder zutage, und auch der Wunsch, mit den alten Menschen in Gemeinschaft zu leben, kehrte zurück.

Trotz der erfreulichen Entwicklungen in meinem Berufsleben war mir klar, dass die Lebensumstände für viele Senioren weiterhin unhaltbar und meine Erfahrungen bei Cheffier keineswegs ein bedauernswerter Einzelfall waren.

Eine Studie des Deutschen Instituts für Menschenrechte, in der es um «Soziale Menschenrechte älterer Personen in Pflege» ging, zog eine erschütternde Bilanz: Die Studie stützt sich auf einen bundesweiten Bericht vom Medizinischen Dienst der Spitzenverbände der Krankenkassen vom November 2004. Danach waren 41 Prozent aller Pflegebedürftigen in Heimen, also knapp 400 000 Menschen, nicht ausreichend mit Nahrung und Flüssigkeit versorgt. Bei 43 Prozent, das heißt schätzungsweise 440 000 Menschen, fanden sich Mängel in der Dekubitusprophylaxe und -therapie. Bei jedem vierten, also rund 215 000 Menschen, war die Inkontinenzversorgung nicht angemessen. Fast jeder zehnte war Opfer von freiheitseinschränkenden Maßnahmen – wie dem Anlegen von Hand- und Fußfixierungen, von Bauchgurten oder dem Aufstellen von Bettengittern – ohne eigene Einwilligung oder richterliche Genehmigung.

Die Zahlen kamen zustande, obwohl fast die Hälfte der Überprüfungen im Vorfeld angekündigt worden war! Andere Untersuchungen sprechen von rund 400 000 freiheitseinschränkenden Maßnahmen in deutschen Pflegeeinrichtungen – pro Tag. Wie viele Altenpflegerinnen und Altenpfleger müssen solche Zustände mit ansehen? Wie viele meiner Kollegen hatten schon resigniert oder wurden genötigt, Missstände zu decken?

Mein langjähriger Arbeitgeber Cheffier konnte sich auch für das Jahr 2006 mit einer positiven Geschäftsbilanz brüsten. Bei sinkendem Umsatz stieg der Gewinn auf sieben Millionen Euro, obwohl mit den Krankenkassen eine Senkung des Budgets vereinbart worden war. Um das aufzufangen, waren über 450 Vollzeitstellen abgebaut worden. In der Summe sparte das Unternehmen bei den Personalkosten wiederum mehr als 18 Millionen ein. Seit der Teilprivatisierung 2001, als noch über 12 000 Menschen in Vollzeit beschäftigt waren, hatte das Management mehr als 2000 Vollzeitstellen abgebaut – zugleich mussten mehr Menschen gepflegt und behandelt werden.

Selbst der Geschäftsführer musste offen anerkennen, dass die Belegschaft von Cheffier «im bisherigen Sanierungsprozess erhebliche Opfer bringen musste – und auch gebracht hat. Der bereits erreichte Erfolg ist also zuvorderst auch ein Erfolg der Mitarbeiterinnen und Mitarbeiter.» So schön die Worte klingen mögen, nach meinen Erfahrungen gehen diese «Opfer» zu weit: Sie heißen Leistungsverdichtung, Nötigung der Mitarbeiter, Mobbing und Vernachlässigung von Hilfsbedürftigen – wie im Fall von Frau Matuschek. In dem nach der «Report Mainz»-Sendung publik gewordenen MDK-Bericht hatte ich sie wiedererkannt. Bei der Kontrolle im April 2006 hatten die MDK-Mitarbeiter sie im Bett in einem «schlanken» Zustand angetroffen und kamen unter anderem durch die Errechnung ihres Body-Mass-Index zu der Einschätzung, dass sich ihr «Ernährungszustand [...] im Risikobereich [befindet]». Für die Magensonde, die sie noch immer liegen hatte, vermissten die Prüfer die medizinische Begründung, und auch bei dem Anlegen der Windeln gingen sie von einer «pflegeerleichternden», weil zeitsparenden Maßnahme aus. Obwohl die befragte Pflegefachkraft etwas anderes behauptete, konnte sich Frau Matuschek nicht ausreichend aus eigener Kraft im Bett drehen, ein Plan zur regelmäßigen Umlagerung existierte aber nicht. Im Zimmer stand ein Faltrollstuhl, in den sie nach Angaben einer Pflegekraft täglich bis zu 5 Stunden gesetzt wurde, doch auch hierzu waren der Pflegedokumentation «weder ein Bewegungsplan noch Durchführungsnachweise zu entnehmen».

Das Fazit der Prüfer war sehr bedenklich, es seien bereits «negative Folgen für die Pflegebedürftige» eingetreten. Offensichtlich hatte sich Frau Matuscheks Unterversorgung fortgesetzt und ihr Zustand bis 2006 noch verschlechtert.

Nachdem nun seit der «Report»-Sendung Monate vergangen waren und weder der MDK noch die Heimaufsicht die Staatsanwaltschaft eingeschaltet hatten, setzte ich mich erneut mit meinem Anwalt in Verbindung. Ich verstand nicht, warum die verantwortlichen Institutionen trotz der in dem MDK-Bericht dokumentierten strafbaren Handlungen untätig geblieben waren. Hatte das Arbeitsgericht nicht darauf verwiesen, dass die Kontrollinstitutionen für die Aufdeckung von Missständen zuständig seien? Wie lange sollte ich noch warten?

Mein Anwalt beantragte Ende 2006 bei der Staatsanwaltschaft die Wiederaufnahme der Ermittlungen und zitierte dazu den MDK-Bericht, der in vielen Beispielen den Tatverdacht auf Straftaten wie Körperverletzung und Betrug durch vorenthaltene Pflegeleistungen belegte. Aufgrund dessen ermittelte die Staatsanwaltschaft erneut!

Preise, und dann?

Ich stöberte im Internet nach Neuigkeiten in Sachen «gefährliche Pflege» und ging auch auf die Homepage der Whistleblower-Bewegung, die ich schon vor ein paar Jahren entdeckt hatte. In dieser Bewegung sind Menschen mit Zivilcourage organisiert, viele Vertreter aus dem bürgerlichen Spektrum, die in der Gesellschaft wichtige Positionen einnehmen und die illegales Handeln, Missstände oder Gefahren für Mensch und Umwelt nicht länger schweigend hinnehmen, sondern sie aufdecken. Der Name «Whistleblower», aus dem englischen «Pfeifenbläser», bezieht sich auf das weit hörbare, laute Alarmschlagen mit einer Signalpfeife. Alle Warner gehen ein hohes Risiko ein: Sie setzen ihren Ruf und ihre Existenz aufs Spiel und werden oft von denen unter Druck gesetzt, die unbequeme Wahrheiten vertuschen wollen.

Über die Jahre haben mich die Menschen der Whistleblower-Bewegung im juristischen Kampf begleitet. Ich habe großen Respekt vor ihrer Aufrichtigkeit und dem Nachdruck, mit dem sie demokratische Rechte verteidigen und einfordern.

Auf der Homepage entdeckte ich nun eine Rede der Wissenschaftsjournalistin Antje Bultmann, die mich stark beeindruckte. Im Sommer 2006 hatte sie anlässlich einer Preisverleihung gesagt, dass Risiken für Gesundheit und Leben in unserer neoliberalen Gesellschaft oft legalisiert würden, vor allem bei der Aussicht auf hohe Gewinne. Sie erinnerte an den brasilianischen Ökologen José Lutzenberger, der beklagt hatte, dass Konsum und

Gewinnmaximierung quasi zu einer Religion geworden seien. Über den Charakter von Whistleblowern schrieb Antje Bultmann, sie «folgen ihrem Gewissen, um das Wohl der Allgemeinheit zu schützen, ohne in Betracht zu ziehen, welche Folgen das für sie persönlich haben kann. Statt belohnt zu werden, werden sie bestraft. Sie haben einen schlechten Ruf, gelten als illoyal und als Nestbeschmutzer, Staatsfeinde. Viele Whistleblower verlieren ihren Arbeitsplatz, werden in psychiatrische Kliniken gebracht oder ins Gefängnis.»

Nach dieser Darstellung zu urteilen war ich wohl auch ein «illoyaler Nestbeschmutzer». Zu lesen, wie systematisch die Alarmschlagenden bekämpft und ausgegrenzt werden, machte mich sehr nachdenklich. Warum erfährt man so etwas nicht in den Medien?

Betroffen war ich, als ich auf der Website las, der UN-Inspektor David Kelly habe Selbstmord begangen, nachdem er gegenüber der BBC geäußert hatte, dass der Irak über keine Massenvernichtungswaffen verfüge. Den immensen Druck, der daraufhin von allen Seiten auf ihn ausgeübt wurde, hielt er nicht mehr aus.

Selbst wenn mein Fall nicht mit dem von David Kelly und den anderen vergleichbar ist, fühlte ich mich diesen fortschrittlichen Menschen zugehörig. Trotzdem fiel ich aus allen Wolken, als ich eines Tages, im Frühjahr 2007, den Hörer abhob und gefragt wurde, ob ich mir prinzipiell vorstellen könne, den Whistleblower-Preis anzunehmen. Die Tage darauf spekulierte ich, wie ich in die engere Auswahl für den Preis geraten sei, denn er wurde bis dahin nur an Wissenschaftler verliehen, die schwerwiegende Missstände aufgedeckt hatten, welche «mit erheblichen Gefahren für Mensch, Gesellschaft und Demokratie, Umwelt oder Frieden» verbunden waren. Ausgelobt wird der Preis von der Vereinigung Deutscher Wissenschaftler (VDW) und der deutschen Sektion der internationalen Vereinigung der Juristen gegen Nuklearwaffen (IALANA), die beide der Whistleblower-Bewegung nahestehen.

Wenig später erhielt ich die Nachricht, dass ich tatsächlich zusammen mit einer Biologin ausgewählt worden war. Konnte das sein? Mich irritierte es, dass ich einerseits mit Preisen geehrt wurde, während sich andererseits die Politik, die Wirtschaft und die Justiz gegen mich wandten. Dieser Gegensatz machte mir einmal mehr deutlich, wie tief die Widersprüche in unserer Gesellschaft verankert sind.

Zur Preisverleihung fuhr ich nach Berlin-Mitte, wo sich an einem heißen Sommertag in einem mittelgroßen Saal mehr als 100 Menschen versammelt hatten und bis zu den Ausgängen drängten. Überwiegend waren ältere Wissenschaftler im Publikum – warum war der akademische Nachwuchs so schwach vertreten? Hatte er keine Zeit mehr für gesellschaftliche Kritik? Oder einfach kein Interesse daran? In der Laudatio hieß es, mein Fall werfe «ein Schlaglicht auf die Situation im Bereich der stationären Pflege in Deutschland» und mache deutlich, wie wichtig Zivilcourage von Insidern sei, um die Pflege zu verbessern. Besonders wurden mein soziales Engagement und mein «standhaftes Whistleblowing» hervorgehoben.

Zunächst wirkte all das Lob auf mich etwas überschwänglich, doch dann konnte ich es annehmen – und es war heilsam für meine Seele! Noch nie hatte mir jemand so detailliert und in aller Öffentlichkeit vermittelt, was ich alles gut gemacht hatte und was meinen anstrengenden Kampf gegen Cheffier auszeichnet. Tief gerührt wirkte auch Liv Bode, die den Whistleblower-Preis mit mir teilte. Die Biologin war am Robert-Koch-Institut in der Forschung tätig und hatte die Öffentlichkeit darüber informiert, dass bis zu ein Prozent der Blutplasmaspenden mit dem sogenannten Bornavirus kontaminiert sein könnten. Das Virus steht in Verdacht, psychische Krankheiten wie Depressionen zu verursachen. Zuerst hatte Liv Bode der Leitung des Instituts von ihrer Annahme erzählt, dann gab es zwei Gutachten, die ihren Verdacht zwar in Frage stellten, aber nicht widerlegen konnten. Trotzdem strich das Robert-Koch-Institut sämtliche Mittel für ihre Forschungen, ihre Arbeitsgruppe wurde aufgelöst und die Institutsleitung erteilte Liv Bode ein Publikationsverbot. Die Frage steht im Raum, ob die ökonomischen Interessen der Blutspendendienste wichtiger sind als die Sicherheit der Patienten, die auf das Plasma angewiesen sind.

Wie meine Mit-Preisträgerin musste auch ich eine kleine Dankesrede halten. Was konnte ich vor Doktoren und Professoren sagen? Mir erschien es am sinnvollsten, auch den Akademikern meine persönliche Sichtweise ohne große Umschweife mitzuteilen. Unter anderem verlangte ich von den politisch Verantwortlichen im Berliner Senat eine lückenlose Aufklärung, da sie im Aufsichtsrat des Konzerns vertreten sind und meiner Meinung nach von den Vorgängen in den Pflegeheimen von Cheffier Kenntnis haben mussten.

Meine einfachen Worte stießen bei den Wissenschaftlern auf große Resonanz. «Solch eine breite Zustimmung habe ich bei unseren Veranstaltungen lange nicht erlebt», sagte mir die Organisatorin im Anschluss begeistert.

Ich aber dachte: Man hat mir einen Preis verliehen, den viele andere auch verdient hätten.

Gerichtlich abserviert

Die Bestätigung und Anerkennung durch den Whistleblower-Preis gab mir neue Kraft, zumal sich immer mehr Menschen für meine Geschichte interessierten. So bekam ich zum Beispiel kurz nach der Preisverleihung einen Anruf von einem Mitglied der Marxistisch Leninistischen Partei Deutschlands, das einen Film über Menschen im Arbeitskampf drehen wollte und mich fragte, ob ich bereit sei, ein Interview zu geben. Ich hatte spontan Lust mitzumachen, denn einige derjenigen, die ebenfalls in dem Film gezeigt werden sollten, kannte ich. Sie waren wie ich schikaniert und gekündigt worden, weil sie sich für menschenwürdige Arbeitsbedingungen eingesetzt hatten. Ja, einige waren, ohne sich so zu nennen, auch Whistleblower, da sie Missstände offenlegten.

Ich hoffte jetzt, dass nun endlich der Durchbruch erreicht werden könnte. Über ein Jahr hatte ich auf die Entscheidung des Bundesarbeitsgerichts gewartet, immer wieder hatte ich nachgehakt, bis ich endlich im Sommer 2007 die Antwort erhielt: Mit meiner Meinung nach juristischen Winkelzügen und einer preußisch-autoritären Grundhaltung hatte das Gericht meine Beschwerde abgeschmettert. In der Begründung wurden mir quasi meine staatsbürgerlichen Rechte abgesprochen, sobald ich mich als Arbeitnehmer in einem Betrieb befände. Die freie wirtschaftliche Betätigung stehe über Arbeitnehmerrechten, hieß es glasklar.

Was sollte ich nun tun? Die jahrelangen Prozesse waren nicht spurlos an mir vorübergegangen, ich musste mich entscheiden, ob ich noch weiter Kraft und Zeit in den juristischen Kleinkrieg stecken und vor das Bundesverfassungsgericht ziehen wollte. Allmählich hatte ich die Überzeugung gewonnen, dass grundlegende Veränderungen auf diesem Weg kaum möglich waren, aber trotzdem war der Gang nach Karlsruhe für mich die einzige Möglichkeit, meine freiheitlich-demokratischen Rechte weiterhin einzufordern. Mit Hilfe meines Anwalts, der durch beste Fachjuristen beraten wurde, wollte ich alles versuchen. Die Juristen waren der Meinung, dass die Aussicht auf Erfolg ziemlich groß sei, dann verging Monat um Monat, ohne dass eine Reaktion aus Karlsruhe kam, was nach gängiger Erfahrung aber ein gutes Zeichen ist. Die Hoffnung auf die Anerkennung meiner Verfassungsbeschwerde wuchs, bis ich im Dezember 2007 die Nachricht erhielt, dass der oberste deutsche Gerichtshof meine Beschwerde ablehnte – ohne Begründung. Obwohl der MDK-Bericht von 2006 den Verfassungsrichtern vorgelegen hatte und die Staatsanwaltschaft wieder ermittelte, wurde ich abserviert.

Das war für mich ein Schlag ins Gesicht. Der Beschluss bestätigte meine Annahme, dass die Justiz nicht per se ein neutraler Raum ist, sondern dort auch politische und wirtschaftliche Machtverhältnisse eine Rolle spielen. Der ehemalige Verfassungsrichter Jürgen Kühling sagte schon 1999: «Das Recht schützt – auch bei uns – die dunklen Geheimnisse der Mächtigen. Wer rechtswidrige oder gemeinschädliche Handlungen staatlicher Stellen oder seines Arbeitgebers offenlegt, verletzt regelmäßig Verschwiegenheitspflichten und setzt sich Maßregelungen aus. […] Ein tief verwurzeltes Ethos der Gefolgschaftstreue überlagert die Grundsätze einer aufgeklärten Ethik, die sein Verhalten gutheißt. Zustimmung erfährt er, wenn überhaupt, gewöhnlich von weit her. Von Freunden gemieden, vom Recht verfolgt – das ist das gewöhnliche Schicksal dessen, der sich im Interesse von Frieden, Umwelt oder anderen höchstrangigen Rechtsgütern zum Bruch der Verschwiegenheit entschließt.»

So düster diese Einschätzung bereits sein mag, die verlorenen Prozesse wiegen umso schwerer, weil ich weiß, dass eine respektvolle Pflege – allerdings oft verbunden mit einer niedrigen Entlohnung – möglich ist. Jedes Mal, wenn ich mit meiner früheren Kollegin Nora über die Mahagoniallee spreche, werde ich daran erinnert, wie groß die Unterschiede sind. Auf meiner neuen Arbeitsstelle haben wir die Wohngemeinschaft «Lebensfreude» genannt. Wie gut dieser Name passt, erlebe ich an Nachmittagen, an denen wir mit den Senioren bei einem Gläschen Eierlikör alte Seemannslieder singen. Trotz ihrer Demenz fühlen sich alle gut aufgehoben und sind glücklich – die Refrains fallen ihnen mit Leichtigkeit ein. Auch den schweren Gefühlen wird viel Raum gegeben. Wenn ein Bewohner stirbt, werden im Wohnbereich Kerzen und Bilder von ihm aufgestellt, um würdevoll Abschied zu nehmen.

Doch den meisten geht es wohl so wie Frau Matuschek, Frau Kiesling und vielen anderen, die in den Heimen verlassen und unterversorgt vor sich hin vegetieren müssen.

Deshalb werde ich nicht aufgeben. Nach wie vor kämpfe ich um die Rückkehr zu Cheffier, denn ich reklamiere das Recht, bei Missständen den eigenen Betrieb anzuzeigen. Juristisch führe ich diese Auseinandersetzung bis zum Europäischen Gerichtshof für Menschenrechte in Straßburg, wo ich Beschwerde gegen jene Urteile eingelegt habe, die meine Kündigung dingfest machen sollen. Die Solidarität, die ich von so vielen Seiten erfahre, gibt mir dabei immer wieder neuen Mut. Das Vertrauen in die Gerichte habe ich zwar weitgehend verloren – aber ich habe den Glauben an den Menschen gefunden.

Ein Flugblatt

Ein weißes Stück Papier
Bedruckt mit schwarzer Tinte
Zwischen den Zeilen fließt rotes Blut
Blut, welches in den Jahrtausenden immer
    wieder floss für die Befreiung der Frau von
    Unterdrückung und Ausbeutung

Welch eine Macht hat das geschriebene Wort,
    wenn es die Wahrheit sagt
Es dringt in die Herzen und Köpfe der Menschen
    und bleibt dort unvergessen

Die Herrschenden wissen darum
Sie hassen die Wahrheit
Sie leben vom Betrug

Brigitte Heinisch

AUSBLICK

«Und, würdest du es nochmal machen?», fragte mich Ilse eines Tages, als wir bei mir auf dem Balkon saßen und darüber sprachen, ob der Kampf gegen den großen Gesundheitskonzern etwas gebracht habe. «Ja klar», antwortete ich ihr spontan, «ich konnte mich von den Gewissensbissen befreien, und die Diskussion in der Öffentlichkeit hat gezeigt, wie viele unlösbare Widersprüche in den Pflegestrukturen stecken.»

Vor zehn Jahren hatte es so harmlos angefangen. Als Altenpflegerin wollte ich einfach meine Arbeit machen, so, wie ich es gelernt hatte und wie ich es für richtig und verantwortbar hielt. Die Realität sah aber anders aus. Ich wäre nicht an die Öffentlichkeit gegangen, wenn ich bei der Heimleitung oder der Geschäftsführung auch nur in Ansätzen den Willen zur Verbesserung gesehen hätte. Doch ich bin regelrecht zum Kämpfen getrieben worden. Nur weil ich mich nicht vollständig unterordnen wollte, weil ich zum Selbstschutz und aufgrund meines Gewissens den vollständigen Gehorsam verweigert habe, wurde ich diszipliniert. Das Chaos, der Stress, die Ignoranz und die tagtäglich erlebte Unterversorgung der Heimbewohner haben mich krank gemacht. Noch heute bin ich von dem Erlebten traumatisiert.

Ich habe in den juristischen Auseinandersetzungen lernen müssen, welche Folgen es haben kann, wenn jemand den ganz normalen Rechtsweg geht. Die Justiz fesselte mich an meinen Arbeitgeber mit dem Hinweis auf meine «Treuepflicht» ihm gegenüber. Loyalität gegenüber dem Arbeitgeber, was ist das? Ich bin dem zu betreuenden, in seinem letzten Lebensabschnitt lebenden Menschen zur Loyalität verpflichtet, nicht der Pflegeindustrie.

Es heißt immer wieder, die Pflegekräfte sollen doch den Mund aufmachen. Nach dem Gesetz sind sie sogar verpflichtet, für die eigene Sicherheit und Gesundheit bei der Arbeit Sorge zu tragen. Ich habe den Mund aufgemacht. Dafür wurde ich gemobbt, als «Nestbeschmutzer» bezeichnet und bekam drei Kündigungen. Was ist das für eine soziale Kultur, in der Menschen, die ein ehrliches Anliegen haben und für menschenwürdige Lebensbedingungen eintreten, beschimpft werden? Wer macht dann noch den Mund auf, wenn Gammelfleisch in Umlauf gebracht wird, verseuchte Blutpräparate verkauft oder Gewässer verschmutzt werden? Von einer demokratischen und konstruktiven Streitkultur ist all das jedenfalls weit entfernt.

Heute wird mir erzählt, dass ich nun, nach der «Wende», endlich in einer freiheitlichen Demokratie lebe. Das kann ich in Bezug auf die Arbeitswelt nicht feststellen. Viele Menschen haben hierzulande Angst, ihre Meinung im Betrieb zu sagen, denn sobald sie aufmucken, werden sie mit Kündigungen bedroht. Die Aussicht auf «Hartz IV» und Armut lässt viele schweigen, im Gegenteil, die Betroffenen werden gegeneinander aufgehetzt – und die Verursacher bleiben unbehelligt. In einem Umfeld aber, in dem Ausbeutung, Unterdrückung und Angst herrschen, gibt es auch keine Demokratie. Es entsteht ein Raum, in dem Kriminalität legalisiert wird.

In dem Großkonzern habe ich bitter erfahren müssen, wie durch die Privatisierung im Gesundheitswesen die Grundlage geschaffen wird, um auf Kosten der Menschen Profite zu machen. Es gibt den Wachstumsmarkt «Pflege» an der Börse. Dort geht es nicht darum, dass die alten Menschen würdig gepflegt werden und die Pflegekräfte menschenwürdige Arbeitsbedingungen haben. Es geht um Maximalprofite und Renditen. Diese können nur erzielt werden, wenn die Personalkosten gedrückt werden und sich der «Pflegekunde» der Fließbandpflege anpasst. Das Zuhause der alten Menschen wird als «Profitcenter» bezeichnet und dazu gemacht.

Die Zukunftsperspektiven sind nicht gerade rosig, denn seit einigen Jahren arbeiten die großen Konzerne auf dem Gesundheitsmarkt daran, die kommunalen Kliniken und Pflegeeinrichtungen zu übernehmen. Das ist nicht nur in Berlin so, wo die Privatisierung mit der «Hilfe» einer global agierenden Unternehmensberatung schon halb vollzogen worden ist. Über die Konkurrenz am «Pflegemarkt» üben die Privatkonzerne auch auf gemeinnützige Träger enormen Druck aus, mit immer weniger Personal «effiziente» Pflege anzubieten.

Um die Gewinnmaximierung durchzusetzen, erhalten die Konzerne Rückendeckung von der Politik. In meinem Fall hüllt sie sich in Schweigen, obwohl mehrere Verantwortliche von mir und anderen persönlich auf die Missstände angesprochen wurden. Eine für diesen Fall politisch verantwortliche Senatorin entgegnete mir, es sei nicht ihre Aufgabe, mit den Pflegekräften darüber zu reden, sondern ihre Aufgabe sei es, mit den

Vertretern der Institutionen zu verhandeln. Sie wies jede politische Verantwortung zurück, auch wenn ihr mein Fall «persönlich» leidtäte.

Hätten sich die Verantwortlichen mit der Arbeit der zuständigen Institutionen beschäftigt, hätten sie die MDK-Berichte ernst genommen. Die Dokumente liegen der Geschäftsführung und dem Aufsichtsrat des Konzerns, der Berliner Staatsanwaltschaft, der Heimaufsicht, dem Bundesverfassungsgericht, dem Europäischen Gerichtshof für Menschenrechte und einigen weiteren Stellen vor.

Warum ist bis heute nichts passiert, damit diese Zustände ein Ende haben?

Der «Pflegenotstand» wird immer wieder damit begründet, dass zu wenig Geld für die Versorgung der alten, hilfsbedürftigen Menschen übrig sei. Das ist in meinen Augen gelogen, denn es kommt einfach darauf an, wie die Prioritäten gesetzt und die Mittel dann verteilt werden. Ich sehe es als eine unglaubliche Ausnutzung der hilfsbereiten Menschen an, wenn dieser Staat den Konzernen Steuergeschenke in Milliardenhöhe zukommen lässt, aber die notwendigen gesellschaftlichen Aufgaben nicht ausreichend finanziert und die Daseinsfürsorge immer mehr auf die Familien abwälzt.

Uns Pflegekräften wird suggeriert, wenn wir nur länger und härter arbeiteten, würde alles besser laufen. Das ist aber nur eine Masche, um unsere Arbeitskraft noch mehr auszunutzen. Die belastenden Rahmenbedingungen, wie zum Beispiel der Personalmangel, verändern sich durch unser Engagement nicht. Besonders wir Frauen werden doppelt und dreifach ausgebeutet und moralisch unter Druck gesetzt – als Partnerin, als Mutter, als Tochter und als Mitarbeiterin in einem sozialen Beruf. So viele Erwartungen kann niemand erfüllen. Sie führen dazu, dass Frauen sich aufopfern, bis all ihre Kräfte aufgebraucht sind. Auch heute noch müssen Frauen die Doppelbelastung von Familie und Beruf überwiegend alleine meistern.

Den Mut, alles Moralische in Frage zu stellen, gewann ich immer mehr, je menschenunwürdiger die Zustände im Heim und in der Gesellschaft wurden. Ich habe erkannt, dass ich Eigenverantwortung übernehmen muss. Diese sichere ich nicht mit einer finanziellen Altersversorgung ab, sondern ich mache mir Gedanken, wie ich in Zukunft leben möchte und in welchem gesellschaftlichen System.

Das Altwerden selbst sehe ich nicht als negativ an, auch wenn uns das jeden Tag vermittelt wird. Für mich bedeutet alt zu werden, immer mehr über meinen Tellerrand hinauszusehen, Zusammenhänge zu ergründen und zu verstehen, wie die Welt funktioniert.

Mir ist klar geworden, dass individuelle Auswege keine Lösung sind. Eigenverantwortung für mein Leben zu übernehmen heißt für mich, dass ich heute dafür sorge, morgen ein unumstößliches Recht darauf zu haben, dass ich menschenwürdig lebe – egal, in welcher körperlichen, geistigen und materiellen Verfassung ich mich befinde. Das ist für mich Unabhängigkeit und Freiheit. Und Individualität bedeutet für mich, dass, wenn ich alt bin, meine Lebenserfahrung in der Gesellschaft von Bedeutung ist.

Schon heute erlebe ich bei den Montagsdemonstrationen, dass solidarisches Handeln möglich ist. Der Zusammenhalt bei diesen Demonstrationen und im Solikreis war für mich eine neue Erfahrung, die den Mythos widerlegt, man dürfe sich nicht auf andere Menschen verlassen. Ohne den Solikreis hätte ich wahrscheinlich in der Güteverhandlung vor Gericht eine Abfindung angenommen und für die Zukunft darauf verzichtet, die Missstände anzuprangern, weil ich allein nicht genügend Kraft gehabt hätte.

Der Kreis meiner Mitstreiter trifft sich einmal im Monat in der Berliner Verdi-Zentrale, und die Gewerkschaft übernimmt sogar die Prozesskosten für die Beschwerde beim Bundesverfassungsgericht sowie beim Europäischen Gerichtshof in Straßburg. Auch wenn ich mit der Gewerkschaft zunächst zwiespältige Erfahrungen gemacht habe, kann ich aus heutiger Sicht jedem Kollegen nur empfehlen, sich gewerkschaftlich zu organisieren und für menschenwürdige Arbeitsbedingungen zu kämpfen. Heute trete ich für die 30-Stunden-Woche bei vollem Lohnausgleich und für eine kostenlose Gesundheitsversorgung ein, weil ich der Meinung bin, dass die Unternehmensgewinne uns allen zugute kommen sollten. Um solche Forderungen durchzusetzen, wird ein umfassendes Streikrecht gebraucht — bei Cheffier durften wir Altenpfleger zum Beispiel die Arbeit nicht aus Protest gegen die Missstände niederlegen.

Mir kommt es so vor, als ob ich mit meinem Denken und Handeln eine rote Linie überquert habe. Ich werde andauernd mit der Erwartung konfrontiert, dass ich von den Missständen betroffen sein sollte, das heißt, ich darf schockiert, traurig, wütend und sprachlos sein – als Betroffene, die ihren Bericht abgibt und dann den Mund hält. Sobald ich distanziert bin, analysiere, die gesellschaftlichen Bedingungen kritisiere und Verantwortliche benenne – also politisch werde –, falle ich aus der Rolle. Eine politische Altenpflegerin, die sich für eine gesellschaftliche Alternative ohne Ausbeutung und Unterdrückung einsetzt, scheint für viele ein Unding zu sein. Aber sie müssen schon mit mir leben, wie ich bin.

Zu meinem Wesen gehört auch, dass ich keine Stellvertreterin bin. Eine Kollegin hatte einmal zu mir gesagt: «Kämpf du mal schön für uns!» Aber das geht nicht. Jeder muss selbst aktiv werden und seine Meinung äußern, das kann einem niemand abnehmen. Der erste Schritt liegt darin, seine eigenen Bedürfnisse zu erkennen und dafür einzutreten. Es gibt dann viele Möglichkeiten, sich auf unterschiedlichen Ebenen zur Wehr zu setzen. Man kann beim MDK anrufen und Missstände melden, eine gewerkschaftliche Betriebsgruppe gründen, Informationen anonym an die Presse weiterleiten, Überlastungsanzeigen schreiben, mit Angehörigen Kontakt aufnehmen und vieles mehr. Wichtig ist nur, dem eigenen Gewissen treu zu bleiben – und sich frühzeitig «Gleichgesinnte» zu suchen, Menschen, die auch etwas gegen untragbare Zustände in der Pflege unternehmen wollen. Wenn ich mich beizeiten mit anderen verbünde, kann ich Rückschläge und Enttäuschungen, die in solchen Auseinandersetzungen fast zwangsläufig auftreten, besser verkraften.

Auch ich habe viele Enttäuschungen erlebt. Nach

den Jahren des Kämpfens bin ich überzeugt, dass grundlegende Veränderungen in der Gesellschaft und damit auch im Gesundheitswesen erst möglich sind, wenn sich die Menschen auf breiter Basis organisieren und zusammenarbeiten. Die engagierten und kritischen Wissenschaftler, Juristen und andere Intellektuelle und die Arbeiter- und Gewerkschaftsbewegung gehören für mich zusammen.

Anstatt sich in vielen isolierten Einzelkämpfen aufzureiben, könnten sich diejenigen, die den «Pflegenotstand» nicht hinnehmen wollen, stärker vernetzen. Möglich wäre zum Beispiel ein «Gesundheitspolitischer Ratschlag», der ähnlich dem «Frauenpolitischen Ratschlag» ein Forum bietet: zum gegenseitigen Austausch von Informationen, zur solidarischen Unterstützung – sowie zur Beratung, wie man sich im Kampf gegen unmenschliche Pflege- und Arbeitsbedingungen wirkungsvoll organisieren kann.

Wie auch immer es weitergehen mag, jeder muss seinen Weg der Auseinandersetzung herausfinden. Und die passenden Formen. Mir hat immer wieder eines weitergeholfen, selbst wenn ich in der tiefsten Krise steckte: dass ich nicht aufgehört habe, Fragen zu stellen – und keine Angst vor den Antworten hatte.

Mosaikstein

Ich bin ein Mosaikstein

Zusammen mit anderen Steinen
    ergibt er ein wunderschönes Muster
Mit kräftigen Farben, die für das Leben stehen
Mit einem Muster, das den Zusammenhalt,
    die Festigkeit zeigt
Eine Größe, die Tag für Tag wächst
    und irgendwann den ganzen Erdball erfasst

In diesem Muster bin ich ein Stein,
    der für Frieden, Freiheit und Gerechtigkeit steht
Ich fühle mich in diesem Muster sehr wohl,
    da ich endlich meinen Platz gefunden habe

    Brigitte Heinisch

ANHANG

Zusammengestellt von Andreas Schug – Stand Juni 2008

1. Anmerkung zu den Prüfberichten

Das Pflegeheim, in dem Brigitte Heinisch gekündigt wurde, ist mehrmals überprüft worden. Im März 2002, Juli 2003 und November 2004 kontrollierte der MDK Berlin-Brandenburg e.V. das Haus «unangemeldet anlassbezogen», was darauf schließen lässt, dass Beschwerden oder andere klare Hinweise auf Mängel vorlagen. Bei allen drei Prüfterminen bestand eine «angespannte Personalsituation», es wurden «Defizite in allen Qualitätsbereichen festgestellt und der dringende Handlungsbedarf verdeutlicht».

Ende 2005 erfolgte eine Begehung des Gesundheitsamtes «aufgrund gehäuft aufgetretener Durchfallerkrankungen» und im März 2006 eine angemeldete Besichtigung durch die Heimaufsicht, bei der u.a. bauliche Mängel moniert sowie deren Beseitigung verlangt wurden.

Die von der Heimaufsicht aufgenommenen Mängel, die auffällige Personalknappheit und -fluktuation, Hygienemängel sowie Hinweise auf eine unzureichende Bewohnerversorgung waren wiederum Anlass für eine unangemeldete MDK-Prüfung am 26. und 27. April 2006. Dabei wurden sowohl strukturelle Defizite als auch «teilweise gravierende Mängel in der Prozess- und Ergebnisqualität festgestellt». Bei acht Bewohnern wurde – nach eingeholter Zustimmung – der Pflegezustand begutachtet: Alleine für fünf der Bewohner empfahlen die Prüfer wegen der Unterversorgung eine Beratung «über die Möglichkeit **der Vermittlung eines anderen geeigneten Pflegeheimes** zur nahtlosen Übernahme der pflegerischen Verantwortung».

Der nach der Prüfung erstellte Bericht vom 10.5.2006 beschreibt auf 51 Seiten detailliert, welche Mängel in der Einrichtung – bei der Dokumentation, in Bezug auf den Zustand der Bewohner und nicht zuletzt bei der Personalsituation – vorlagen. Im Fazit heißt es: Die Beschwerden zur anlassbezogenen Qualitätsprüfung ließen sich «aufgrund der festgestellten Defizite nicht entkräften». Risiken für die Pflegebedürftigen seien «nicht auszuschließen beziehungsweise Folgeschäden bereits eingetreten». Viele der im vorliegenden Buch beschriebenen Missstände sind auf den 51 Seiten wiederzuerkennen, offenbar bestanden sie also Jahre nach dem erzwungenen Weggang von Brigitte Heinisch fort. Leider ist es hier aber nicht möglich, den Bericht des MDK vom Mai 2006, der bis dato in voller Länge im Internet zu finden ist, dokumentarisch abzudrucken. Selbst in Auszügen und vollständig anonym, wie es unser Vorhaben war, erteilte der MDK Berlin-Brandenburg e.V. keine Erlaubnis.

Hintergrund für die Zurückhaltung der Verfasser des Berichts ist wohl die Angst vor einer Klage des Konzerns. Das Gesetz schützt die Pflegeheimbetreiber, denn nach § 115 SGB XI (Sozialgesetzbuch 11), Absatz 1, dürfen die Ergebnisse der Qualitätsprüfungen nur den Trägern der Pflegeeinrichtung, den Landesverbänden der Pflegekassen, den zuständigen Trägern der Sozialhilfe und den zuständigen Heimaufsichtsbehörden mitgeteilt werden. «Gegenüber Dritten sind die Prüfer und die Empfänger der Daten zur Verschwiegenheit verpflichtet», heißt es dort unmissverständlich.

Bei der Diskussion um die Pflegereform zum 1. Juli 2008 wurde mit mehr «Transparenz» geworben, in Zukunft sollten die MDK-Landesverbände «verpflichtet» sein, die Ergebnisse der Qualitätsprüfungen für die Bürger öffentlich zu machen. Eine radikale Kehrtwende? Aber anstatt die erwähnte Schweigeklausel bei der Neufassung des Gesetzes zu streichen, wurde sie beibehalten und gleichzeitig ein neuer Absatz 1a hinzugefügt, der einer Mogelpackung gleicht: In einem aufwendigen Procedere soll der MDK «beteiligt» werden, wenn mehrere Organisationen die «Kriterien

der Veröffentlichung einschließlich der Bewertungssystematik»
von MDK-Prüfungen vereinbaren – und die Vereinigung der Be-
treiber der Pflegewirtschaft sitzt mit am Tisch. Im Streitfall soll die
eigens eingerichtete Schiedsstelle entscheiden, welche wiederum
zur Hälfte mit Vertretern der Pflegewirtschaft besetzt ist. Das ist
so, als ob ein Umweltamt mit einer Chemiefirma aushandeln muss,
nach welchen Kriterien es die Firma prüfen darf und was davon
öffentlich wird.

Zu befürchten ist ein weichgespülter Kompromiss, mit dem die
Pflegeheime ihr Image aufpolieren, während von den Prüfberich-
ten nicht mehr als ein paar zusammenhangslose, verschleiernde
Sätze verlautbart werden, wie es in Berlin bereits mit der «Trans-
parenzoffensive» geschehen ist. Nach dem Motto «Wasch mir den
Pelz, aber mach mich nicht nass!» wird die Veröffentlichung von
kritischen Informationen auf diesem Weg wohl weiter verhin-
dert.

2. Brief der Deutschen Gesellschaft für Humanes Sterben (DGHS)

*Dieser Brief vom 5.11.2002 an die Abgeordneten im Deutschen
Bundestag hat seine Aktualität leider noch immer nicht verloren.
Was hat sich in fast sechs Jahren für Pflegekräfte, Angehörige und
Pflegebedürftige verbessert? Die Forderungen könnten heute in
fast gleicher Form gestellt werden.*

«Pflege- und Sterbemissstände: Sie sind in der Verantwortung!
Sehr geehrte Damen und Herren Bundestagsabgeordnete!

Minister, Staatssekretäre und Abgeordnete kommen und gehen
– aber die alltäglichen Missstände und Menschenrechtsverletzungen am Lebensende bleiben. Trotz vielerlei Aktivitäten, mit denen
auf die von den Vereinten Nationen kritisierten strukturellen Probleme im deutschen Pflege- und Sterbealltag aufmerksam gemacht

wurde, sind bislang keine wirklich ernstzunehmenden Ansätze der Politik erkennbar gewesen. Die bisherigen Erfahrungen sowie die Prognosen von Fachleuten bestätigen, dass die neuen Gesetze (u.a. Heimgesetz, Pflegequalitätssicherungsgesetz; Leistungs- und Qualitätsvereinbarung zum Personalabgleich ab 2004) die strukturellen Probleme nicht lösen werden [das Gleiche gilt für die sog. Pflegereform vom 1. Juli 2008].

Zu Beginn dieser neuen Legislaturperiode wollen wir Ihnen die gravierendsten Defizite und menschenunwürdigen Bedingungen noch einmal vor Augen führen:

Die «Fließbandpflege» erfolgt im Minutentakt: Wer nicht mehr schnell genug kauen und schlucken kann, muss auf Nahrung und Flüssigkeit verzichten oder bekommt eine Sonde gelegt. Nach Angaben des Deutschen Instituts für Ernährungsmedizin und Diätetik sind bis zu 85% der Heimbewohner wegen Unterernährung und Untergewicht gefährdet. Laut dem Arbeitskreis gegen Menschenrechtsverletzungen (München) leiden etwa 36% der Heimbewohner an Austrocknung. Nach einer Studie des Landespflegeausschusses NRW pflegen nur 10% der Heime gut, 40% gerade so ausreichend, der Rest sei eine Katastrophe.

Gleichzeitig werden z.T. Magensonden gegen den in einer Patientenverfügung erklärten Willen des Betroffenen gelegt. Das Selbstbestimmungsrecht der alten Menschen wird missachtet.

Wer nicht mehr alleine zur Toilette gehen kann, bekommt Windeln angelegt. Alte Menschen werden entmündigt.

Wer nicht mehr allein laufen oder seinen Rollstuhl allein bewegen kann, kommt – wenn überhaupt – nur noch selten an die frische Luft. Wer völlig bewegungsunfähig ist, muss ganz darauf verzichten. Jegliche noch vorhandenen Bewegungsfähigkeiten verkümmern.

Ein Eingehen auf die individuellen Bedürfnisse der alten Menschen ist angeblich nicht möglich. Der Mensch wird dem «reibungslosen» Ablauf des Systems untergeordnet.

Zeit für Gespräche, für Spaziergänge, für die bloße menschliche

Zuwendung ist angeblich nicht möglich und hält nur den Pflegebetrieb auf. Alte Menschen ziehen sich mehr und mehr in sich selbst zurück. Sie werden in die soziale Isolation und in ein apathisches Dahindämmern gedrängt.

Soziale Aktivitäten und die Förderung der verbliebenen Fähigkeiten und Fertigkeiten der alten Menschen auch durch angemessene Übernahme von Verantwortung sind nicht erwünscht. Die Entmündigung des Menschen wird künstlich forciert.

Der Mangel an – fachlich qualifiziertem – Pflegepersonal ist chronisch! So sind z.B. tagsüber meist nur zwei bis drei Kräfte für rund 35 Pflegebedürftige zuständig, nachts sind es oft nur ein oder zwei Kräfte für bis zu hundert Pflegebedürftige.

Die horrenden Kosten für einen Heimplatz steigen permanent. Ein Mindestmaß an menschlich angemessener Versorgung lässt weiter auf sich warten. Selbst für die leichteste Pflegestufe, die nahezu ohne pflegerischen und betreuerischen Aufwand auskommt, werden 2.000 Euro [und mehr ...] monatlich kassiert.

Als neu oder wieder gewählte Abgeordnete sind Sie mit dafür verantwortlich, dass jedem pflegebedürftigen Menschen in unserem Land ein humanes, menschenwürdiges Altern und Sterben ermöglicht wird.

Prinzipiell ist Geld genug dafür da! Aber das jetzige Pflege-System ist nicht nur ineffektiv, sondern auch undurchschaubar.

Wir fordern Sie auf:
Stellen Sie sich hinter unsere Pflegekräfte und unsere Pflegebedürftigen und schweigen Sie diese Missstände nicht länger tot! Wer die Zustände am Arbeitsplatz öffentlich macht, muss derzeit oft mit Mobbing oder Kündigung rechnen.

Sorgen Sie dafür, dass Betroffene, Angehörige, Pflegepersonal, Heimbeiräte, Seniorenvertreter und andere Gruppen in den jeweiligen Gremien des Bundestages angehört werden.

Zwingen Sie Pflegeheime und angeblich caritative Heimträger zur regelmäßigen Offenlegung ihrer Finanzen! Alle am Pflegesystem beteiligten Einrichtungen müssen ihre Bücher und Profite öffentlich machen.

Stoppen Sie die Preisabsprachen und Kartelle von «Wohlfahrtsverbänden», Kirchen, Städten und Gemeinden sowie privaten Pflegekonzernen und -heimen, die die 32 Milliarden Euro der Pflegeversicherung untereinander aufteilen!

Schaffen Sie gesetzliche Grundlagen, um Abrechnungsbetrug, Manipulationen und Bereicherung durch unabhängige Kontrollinstanzen aufzudecken und wirksam zu bekämpfen!

Verhindern Sie Fallpauschalen, erleichtern Sie individuelle Betreuung, Versorgung und Zuwendung! Dies gilt besonders für Pflegebedürftige, die im Sterben liegen. Sorgen Sie dafür, dass Patientenverfügungen beachtet werden!

Sorgen Sie für ein angemessenes Abrechnungssystem, das auch die menschliche Zuwendung und das Gespräch honoriert! Das derzeitige Abrechnungssystem nach Pflegeminuten und -sätzen wird weder den Bedürfnissen der Heimbewohner noch den Pflegekräften gerecht. Pflegebedürftige sind keine Autos, die nach Montage-Minuten abgerechnet werden könnten.

Verbieten Sie den Heimleitungen, Besuchsverbote auszusprechen! Wenn Angehörige sich aus Sorge beschweren und auf Missstände hinweisen, muss man diese ernst nehmen. Viele schweigen aus Angst vor späterer Vergeltung an dem Pflegebedürftigen.

Sorgen Sie für einen besseren Personalschlüssel und eine effektive Kontrolle! Gute Pflege braucht mehr und gut ausgebildetes Personal! Der Mangel an Pflegekräften auch in den Krankenhäusern ist systembedingt: Schlechte Bezahlung, chronischer Zeitmangel, Überlastung und psychischer Druck führen schnell zu einem «Ausbrennen».

Schaffen Sie menschenwürdige Mindeststandards der Pflegequalität und sorgen Sie dafür, dass diese eingehalten werden müssen! Lassen Sie nicht zu, dass die Pflege alter Menschen in unserer Gesellschaft weiter zu einem reinen Profitdenken verkommt!

Setzen Sie sich dafür ein, dass ein menschenwürdiges Altern und Sterben trotz Kapitalinteressen des Wachstumsmarktes Pflege Realität wird.

[…]

Schöne Reden und Absichtserklärungen von Politikern haben wir lange genug gehört. Die Menschen wollen endlich Taten sehen! Bereits 40% der Bundesbürger machen Politiker in Bundes- und Landesregierungen für die Missstände im Pflege- und Sterbealltag verantwortlich, wie eine Umfrage im Auftrag der Deutschen Gesellschaft für Humanes Sterben (DGHS) ergab. Immer mehr Pflegekräfte sind nicht mehr bereit, diese Arbeitsbedingungen mit ihrem Gewissen zu vereinbaren und diese Zustände mitzuverantworten!

Stoppen Sie die Pflege-Missstände! Es ist höchste Zeit, zu handeln!

Bitte teilen Sie uns baldmöglichst mit, welche Lösungsansätze Sie sich für die geschilderten Probleme vorstellen! Schön wäre, wenn wir bis Mitte November 2002 eine Antwort von Ihnen hätten.

Mit freundlichen Grüßen»

Unterzeichnet durch 9 Organisationen, 10 Vertreter/-innen und Einzelpersonen sowie 27 Seniorenvertretungen.

Auf den Brief antworteten weniger als eine Handvoll Abgeordnete.

3. Charta der Rechte hilfe- und pflegebedürftiger Menschen

Die Charta geht zurück auf die Arbeit des «Runden Tisches Pflege» von 2002 bis 2005. Dieser wurde vom Bundesministerium für Familie, Senioren, Frauen und Jugend und dem damaligen

Bundesministerium für Gesundheit und Soziale Sicherung ins Leben gerufen. Rund 200 Vertreter aus allen Bereichen der Altenpflege (u. a. Länder, Kommunen, Einrichtungsträger, Wohlfahrtsverbände, private Trägerverbände, Heimaufsicht, Pflegekassen, Interessenvertretungen der älteren Menschen, Wissenschaftler, Stiftungen) beteiligten sich. In der Charta wird zusammengefasst, welche Rechte Menschen in Deutschland zustehen, wenn sie Hilfe und Pflege bedürfen.

Die Artikel der Charta

Artikel 1: Selbstbestimmung und Hilfe zur Selbsthilfe
Jeder hilfe- und pflegebedürftige Mensch hat das Recht auf Hilfe zur Selbsthilfe sowie auf Unterstützung, um ein möglichst selbstbestimmtes und selbständiges Leben führen zu können.

Artikel 2: Körperliche und seelische Unversehrtheit, Freiheit und Sicherheit
Jeder hilfe- und pflegebedürftige Mensch hat das Recht, vor Gefahren für Leib und Seele geschützt zu werden.

Artikel 3: Privatheit
Jeder hilfe- und pflegebedürftige Mensch hat das Recht auf Wahrung und Schutz seiner Privat- und Intimsphäre.

Artikel 4: Pflege, Betreuung und Behandlung
Jeder hilfe- und pflegebedürftige Mensch hat das Recht auf eine an seinem persönlichen Bedarf ausgerichtete, gesundheitsfördernde und qualifizierte Pflege, Betreuung und Behandlung.

Artikel 5: Information, Beratung und Aufklärung
Jeder hilfe- und pflegebedürftige Mensch hat das Recht auf umfassende Informationen über Möglichkeiten und Angebote der Beratung, der Hilfe, der Pflege sowie der Behandlung.

206

Artikel 6: Kommunikation, Wertschätzung und Teilhabe an der Gesellschaft

Jeder hilfe- und pflegebedürftige Mensch hat das Recht auf Wertschätzung, Austausch mit anderen Menschen und Teilhabe am gesellschaftlichen Leben.

Artikel 7: Religion, Kultur und Weltanschauung

Jeder hilfe- und pflegebedürftige Mensch hat das Recht, seiner Kultur und Weltanschauung entsprechend zu leben und seine Religion auszuüben.

Artikel 8: Palliative Begleitung, Sterben und Tod

Jeder hilfe- und pflegebedürftige Mensch hat das Recht, in Würde zu sterben.

Kommentar zu Artikel 4: Pflege, Betreuung und Behandlung

Wenn Sie professionelle Hilfe benötigen, muss Ihnen eine fachlich **kompetente und eine Ihrer Person zugewandte Pflege, Betreuung und Behandlung** zukommen. Sie können erwarten, dass die Mitarbeiterinnen und Mitarbeiter entsprechend ihrer Aufgabe ausgebildet, fortgebildet, weitergebildet oder angeleitet sind und die notwendige Qualifikation aufweisen, die Ihrem Bedarf an Unterstützung, Pflege und Behandlung entspricht. Die Methoden und Maßnahmen müssen dem aktuellen Stand medizinischer und pflegerischer Erkenntnisse entsprechen.

Alle an Ihrer Pflege, Betreuung und Behandlung beteiligten Institutionen und Berufsgruppen sollen in Ihrem Interesse miteinander kommunizieren, kooperieren und ihre Leistungen eng aufeinander abstimmen. Das bedeutet zum Beispiel, dass bei einem Wechsel der Leistungserbringer eine angemessene Art der Weiterleitung von Informationen erfolgt, die Sie betreffen und für die Pflege, Betreuung und Behandlung relevant sind. Dabei müssen die gesetzlichen Datenschutzbestimmungen beachtet werden.

Ihre **Angehörigen und sonstige Vertrauenspersonen** sowie ehrenamtliche Helferinnen und Helfer sollen − wenn und soweit Sie dies wünschen − in Ihre Pflege, Betreuung und Behandlung einbezogen und über Maßnahmen und Veränderungen informiert werden, die Ihre Pflege und Gesundheit betreffen. Ihr Wunsch und Ihr Einverständnis vorausgesetzt, sollen diese Personen bereits vor Vertragsabschluss mit einem Dienst oder einer Einrichtung sowie in Entscheidungen, die Ihre Behandlung betreffen, in entsprechende Beratungsgespräche einbezogen werden. Wenn Sie wünschen, ist eine kontinuierliche Zusammenarbeit mit Ihren Angehörigen/Vertrauenspersonen bzw. auch ehrenamtlichen Helferinnen und Helfern und dem Dienst oder der Einrichtung, die Ihre Pflege übernommen hat, anzustreben.

Ihre Pflege muss − sofern möglich − in einem **gemeinsam mit Ihnen abgestimmten Prozess** zielgerichtet erfolgen. Die Maßnahmen sollen Sie in erster Linie dabei unterstützen, Ihre Selbständigkeit und Mobilität zu erhalten oder wiederzugewinnen. Aufgabe der Pflege ist es ebenso, dafür Sorge zu tragen, dass Ihre Beschwerden gelindert werden und Sie sich nicht alleine gelassen fühlen müssen. Individuelle geplante Pflege setzt bei Ihren Fähigkeiten, Einschränkungen, Erfahrungen und Erwartungen an. Auf dieser Grundlage sollen konkrete Ziele gesteckt und Maßnahmen geplant werden. Sowohl die Ziele und Maßnahmen als auch die Ergebnisse müssen dokumentiert, in regelmäßigen Abständen überprüft und gegebenenfalls neu formuliert werden.

Die Pflegedienste und Einrichtungen sollen dafür sorgen, dass Sie **feste, mit Ihrer Situation vertraute und für all Ihre Belange zuständige Ansprechpartner** haben. Der Wechsel der für Sie eingesetzten Mitarbeiterinnen und Mitarbeiter ist so gering wie möglich zu halten. Für den Fall, dass Sie die Pflege oder Betreuung durch eine bestimmte Person ablehnen, soll dies bei der Einsatzplanung berücksichtigt werden.

Wenn Sie möchten, dass bestimmte **Aspekte Ihres Lebenshintergrundes oder Ihnen wichtige Gewohnheiten** (z. B. Ruhe- und

Schlafenszeiten, Körperhygiene, Bekleidungsgewohnheiten) in der Pflege berücksichtigt werden, sollten Sie die Mitarbeiterinnen und Mitarbeiter des Dienstes oder der Einrichtung über entsprechende Wünsche unterrichten bzw. unterrichten lassen. Sie können erwarten, dass diese berücksichtigt werden. Hilfe- und pflegebedürftigen Menschen, die nicht für sich selbst sprechen können, insbesondere Menschen mit Demenz, sollen Angebote zum Wiedererkennen von Gewohntem und Vertrautem gemacht werden, um zu einer Verbesserung des Wohlbefindens beizutragen.

Ihr **Bedürfnis, sich zu bewegen,** muss unterstützt und gefördert werden, es sei denn, medizinische Gründe sprechen dagegen. Um Ihre Bewegungsfähigkeit zu erhalten und Einschränkungen (z. B. Bettlägerigkeit) vorzubeugen, müssen Ihre eigenen Bewegungsabläufe (z. B. Aufstehen, Gehen) unterstützt und Ihnen dazu gegebenenfalls geeignete Hilfsmittel zur Verfügung gestellt werden. Sie sollen ebenso Hilfe erhalten, um an die frische Luft zu kommen, sofern Sie dies wünschen und es Ihr gesundheitlicher Zustand erlaubt.

Sowohl Ihre akuten als auch Ihre chronischen **Schmerzen und belastenden Symptome** wie beispielsweise Atemnot und Übelkeit müssen **fachgerecht behandelt** und so weit wie möglich gelindert werden. Dazu gehört, dass im Rahmen Ihrer Pflege und Behandlung Anzeichen von Schmerzen sowie belastende Symptome erkannt und adäquate Therapien koordiniert bzw. durchgeführt werden.

Sie können erwarten, dass Ihre **Wünsche und Bedürfnisse beim Essen und Trinken** beachtet werden. Die Speisen sollen in ausreichendem Maße, appetitanregend, abwechslungsreich, altersgerecht und gesundheitsförderlich angeboten werden. Ihre Vorlieben und Abneigungen bei Speisen und Getränken sollen weitestgehend berücksichtigt werden. Bekannte Unverträglichkeiten sind zu beachten.

Ihre Mahlzeiten sollen Sie **möglichst auch außerhalb der regulären Essenszeiten** − Ihrem Lebensrhythmus und Appetit entsprechend – zu sich nehmen können. Zwischenmahlzeiten und Getränke sollen jederzeit zur Verfügung stehen. Die Speisen und Getränke müssen so serviert werden, dass Sie diese gut erreichen können. Besonders wenn Sie ambulant versorgt werden und bettlägerig sind, sollen die Sie betreuenden Personen darauf achten, dass entsprechende Lebensmittel in Ihre Nähe gestellt werden, damit Sie auch etwas trinken und essen können, wenn keine Hilfe vor Ort ist. Sollten Sie besonderes Besteck oder Geschirr benötigen, um selbständig essen und trinken zu können, muss Ihnen dieses bereitgestellt werden. Sofern Sie **Hilfe beim Essen und Trinken** benötigen, muss gewährleistet sein, dass man Ihnen die von Ihnen gewünschte Menge in der von Ihnen dafür benötigten Zeit darreicht.

Besondere Aufmerksamkeit ist der Ernährung von **Menschen mit Demenz** beizumessen, die vielfach individuelle Anregung und Motivierung zum Essen und Trinken benötigen und häufig einen erhöhten Energiebedarf haben.

Maßnahmen zur künstlichen Ernährung (Magensonden, Infusionen) dürfen nur mit Ihrer ausdrücklichen Zustimmung und nur aufgrund eines Abwägungsprozesses zwischen medizinischen, pflegerischen, ethischen und rechtlichen Aspekten erfolgen. Gegebenenfalls muss die Zustimmung einer von Ihnen bevollmächtigten Person oder der gesetzlichen Betreuerin bzw. des Betreuers eingeholt werden. Sie können erwarten, dass anerkannte ethischrechtliche Richtlinien zum Umgang mit Ernährungsproblemen beachtet werden.

Sie können erwarten, dass die Institutionen bzw. deren Mitarbeiterinnen und Mitarbeiter, denen gegenüber Sie Kritik und Anregungen äußern, hierauf schnell und einfühlsam reagieren und auf Wunsch diese auch vertraulich behandeln. **Sie müssen Ihre Beschwerden anbringen können, ohne Nachteile zu befürchten, und zeitnah Informationen darüber erhalten, was aufgrund der Beschwerde geschehen ist bzw. geschehen wird. Ihre Beschwerden können Sie auch über institutionalisierte**

Beschwerdestellen der Kommune, die Heimaufsichtsbehörde, die Landesärztekammer oder Ihre Kranken- bzw. Pflegekasse und private Versicherungsunternehmen anbringen.

Bei dem von der Bundesregierung eingerichteten Deutschen Zentrum für Altersfragen (DZA) in Berlin existiert eine Leitstelle, welche die Umsetzung der Charta in die Praxis begleiten soll.

Informationen: www.dza.de

E-Mail: leitstelle-altenpflege@dza.de

Tel.: (0 30) 26 07 40 90

Trotz ihres Bezugs auf bereits bestehende Grund- und Menschenrechte ist die Charta selbst nicht einklagbar, sondern sie entspricht einer − durch viele Nebensätze abgeschwächten − Absichtserklärung, was insbesondere in den Kommentaren zu den acht Artikeln deutlich wird. Die Träger der Pflegeeinrichtungen haben sich nicht auf eine verbindliche Einhaltung der Rechte verpflichten lassen. Dennoch kann die Charta die Forderung nach einer menschenwürdigen Pflege unterstützen, wenn immer mehr Menschen die darin formulierten Grundrechte aktiv einfordern.

4. Erklärung des Solidaritätskreises «Menschenwürdige Pflege»

Der «Solidaritätskreis Menschenwürdige Pflege», der Brigitte Heinisch im Kampf um die Rücknahme der drei Kündigungen unterstützt, hat in Bezug auf die Altenpflege folgende Forderungen aufgestellt:

Was wir unter guter Pflege verstehen

In vielen deutschen Pflegeheimen entspricht die Betreuung betagter Menschen nur noch einer Notversorgung. Persönlichkeitsrechte und Bedürfnisse der Bewohner sind rationellen Versorgungsabläufen untergeordnet.

Das Grundgesetz sichert auch betagten und kranken Menschen die Unantastbarkeit der Menschenwürde zu. Die Realität im Altenpflegebereich sieht jedoch anders aus:

- Waschen und Ankleiden erfolgen häufig zu nächtlichen Zeiten.
- Hilfe bei der Einnahme von Medikamenten und Mahlzeiten erfolgt aus Zeitdruck häufig nur mangelhaft oder gar nicht.
- Nicht selten werden immobile Bewohner mit gesunder Blasenfunktion mit Windeln oder Blasenkathetern versorgt.
- Eine Sterbebegleitung unterbleibt.

Diese und andere Missstände in den Heimen sind nicht den Pflegekräften anzulasten, sondern dem Verständnis des Betreibers, dass sich so ein Haus auch «rechnen» muss.

Das Pflegepersonal unterliegt oft unhaltbaren Arbeitsbedingungen:

- ungenügende bis krank machende Personalbesetzung
- Überfrachtung mit schriftlichen Dokumentationen
- täglich wechselnde Leasingkräfte, die sich kaum auskennen
- schlechte Bezahlung bei geringer gesellschaftlicher Anerkennung
- Vorschläge, Wünsche und Angebote werden zurückgewiesen, da sie den gewohnten Organisationsablauf stören

Für eine gute Versorgung alter und kranker Menschen stellt der Solidaritätskreis «Menschenwürdige Pflege» folgende Mindestforderungen auf:

- höherwertige Stellung und Akzeptanz von Alter, Krankheit und Tod in der Gesellschaft
- Wahrung der grundgesetzlich garantierten Menschenwürde und Rechte von Heimbewohnern
- Ausrichtung der Betreuung auf die Persönlichkeit und Bedürfnisse jedes Bewohners statt auf Organisationsablauf und Ertrag
- Hilfestellung bei der Förderung von Ressourcen
- mittel- bis langfristige Umstellung der Altenpflege auf kleinere Betreuungseinrichtungen, Betagten-WGs und betreute Wohneinheiten
- Abschaffung der Pflegestufen, die dazu verleiten, Bewohner in einer Pflegestufe zu halten oder sie in die nächsthöhere einzustufen
- Einführung transparenter Leistungserfassungs- und Abrechnungssysteme
- finanzielle Besserstellung von ausreichendem und qualifiziertem Personal
- Förderung der Anzeigen von Missständen durch das Pflegepersonal
- Einbezug von Angehörigen in die Betreuung von Bewohnern

Berlin 2007

213

5. Organisationen und Informationsquellen

Frauenverband Courage e.V.
Holsteiner Str. 28
42107 Wuppertal
Tel.: (02 02) 4 96 97 49
E-Mail: courage-geschaeftsstelle@t-online.de
www.fvcourage.de

Pflege-Selbsthilfeverband e.V.
Am Ginsterhahn 16
53562 St. Katharinen
Tel.: (0 26 44) 36 86
E-Mail: info@pflege-shv.de
www.pflege-shv.de

Report Mainz
Am Fort Gonsenheim 139
55122 Mainz
Tel.: (0 61 31) 9 29-0
Fax: (0 61 31) 9 29-30 50

Solidaritätskreis Menschenwürdige Pflege
E-Mail: info@menschenwuerdige-pflege.de
www.menschenwuerdige-pflege.de

Solidarität International e.V.
Grabenstr. 89
47057 Duisburg
Tel.: (02 03) 60 45 79-0
E-Mail: buero@solidaritaet-international.de
www.solidaritaet-international.de

Verdi Fachbereich 3
Gesundheit, soziale Dienste, Wohlfahrt und Kirchen
Michael Musall, Gewerkschaftssekretär
Köpenicker Str. 30
10179 Berlin
Tel.: (0 30) 88 66-52 63
E-Mail: michael.musall@verdi.de
www.verdi.de

Whistleblower-Netzwerk e.V.
Taunusstr. 29a
51105 Köln
Tel.: (02 21) 1 69 21 93
E-Mail: info@whistleblower-netzwerk.de
www.whistleblower-net.de

Weitere Organisationen

Arbeitskreis gegen Menschenrechtsverletzungen
Rechtsanwalt Alexander Frey
Riemerschmidstraße 41
80933 München
Tel.: (0 89) 313 30 28

ALZheimer-ETHik e.V.
Lappenbredde 10
59063 Hamm
Tel.: (0 23 81) 9 72 28 84
Beratung: (0 23 81) 5 10 15
E-Mail: alzeth@aol.com
www.alzheimer-ethik.de

Bund der Pflegeversicherten e. V.
Von-Schonebeck-Ring 90
48161 Münster/NRW
Tel.: (0 25 33) 33 59
E-Mail: Gerd.Heming@t-online.de
www.bund-der-pflegeversicherten.de

Bundesarbeitsgemeinschaft der Senioren-Organisationen
Eifelstraße 9
53119 Bonn
Tel.: (02 28) 24 99 93-0
www.bagso.de

Bundesarbeitsgemeinschaft der Beratungsstellen für ältere Menschen und ihre Angehörigen (BAGA)
Kirchgasse 1
72070 Tübingen
Tel.: (0 70 71) 2 24 98
www.baga.de

Bundesinteressenvertretung der Bewohner/-innen von Altenwohn- und Pflegeeinrichtungen
Vorgebirgsstr. 1
53913 Swisttal
Tel.: (0 22 54) 70 45
E-Mail: info@biva.de
www.biva.de

Büro gegen Altersdiskriminierung e. V.
Piusstr. 15
50823 Köln
Tel./Fax: (02 21) 9 34 50 07
E-Mail: baldis@gmx.de
www.altersdiskriminierung.de

Deutsche Alzheimer Gesellschaft e.V.
Friedrichstr. 236
10969 Berlin
Tel.: (0 30) 2 59 37 95-0
E-Mail: info@deutsche-alzheimer.de
www.deutsche-alzheimer.de

Deutsche Gesellschaft für Humanes Sterben (DGHS)
Lange Gasse 2–4
86152 Augsburg
Tel.: (08 21) 50 23 50
E-Mail: info@dghs.de
www.dghs.de

Deutscher Berufsverband für Altenpflege e.V.
Sonnenwall 15
47051 Duisburg
Tel.: (02 03) 29 94 27
www.dbva.de

Forum für gemeinschaftliches Wohnen im Alter e.V.
c/o Gerda Helbig
Hohe Straße 9
30449 Hannover
Tel.: (05 11) 92 40 01-8 27
www.fgwa.de

Forum zur Verbesserung der Situation pflegebedürftiger Menschen in Deutschland
Berengariastr. 5
82131 Gauting
Tel./Fax: (0 89) 89 31 10 54
E-Mail: forum@verhungern-im-heim.de
www.verhungern-im-heim.de

Freunde alter Menschen e.V.
Hornstraße 21
10963 Berlin
Tel.: (0 30) 6 91 18 83
www.freundealtermenschen.de

Handeln statt Misshandeln – Bonner Initiative gegen Gewalt im Alter e.V.
Goetheallee 51
53225 Bonn
Tel.: (02 28) 63 63 22
Notruf: (02 28) 69 68 68
Fax: (02 28) 63 63 31
www.hsm-bonn.de

Humanistischer Verband Deutschlands
Wallstraße 61–65
10179 Berlin
Tel.: (0 30) 61 39 04-0
E-Mail: hvd@humanismus.de
www.humanismus.de

Berliner Seniorentelefon des Humanistischen Verbandes
Fehrbelliner Str. 92
10119 Berlin
Tel. Büro: (0 30) 2 79 63 93
Beratungstelefon: (0 30) 2 79 64 44
Sprechzeiten: Mo., Fr., So. 14–16 Uhr und Mi. 10–12 Uhr

Pflege in Not (Diakonische Beratungsstelle)
Zossener Straße 24
10961 Berlin
Tel.: (0 30) 69 59 89 89

Verein Freie Altenarbeit Göttingen e.V.

Am Goldgraben 14

37073 Göttingen

Tel.: (05 51) 4 36 06

www.freiealtenarbeitgoettingen.de

Hier finden Sie erste Anlaufstellen, wenn es ernst wird:

www.hsm-bonn.de – unter «Links» befindet sich eine aktuelle Übersicht der Notruf-Telefone und Krisenberatungsstellen gegen Gewalt im Alter (BRD)

www.mdk.de – auf der Seite befindet sich u.a. eine MDK-Liste nach Bundesländern, welche angeklickt werden kann. Telefonnummern sind dann z.T. im Impressum zu suchen

www.socialnet.de/branchenbuch/2227.php – bundesweite Sammlung von Adressen der Heimaufsicht, z.T. nur mit E-Mail-Formular. Die Heimaufsicht ist die für Heime zuständige kommunale Kontrollbehörde. In den meisten Bundesländern sitzt diese auf der Ebene der Landkreise und kreisfreien Städte. Die Adressen erhalten Sie i. d. R. auch über das Sozialamt in Ihrer Region (Abteilung Altenhilfe)

Weitere Informationen im Internet (Auswahl):

www.aging-alive.de – Initiative für einen neuen Umgang mit dem Thema Altern

www.altersdiskriminierung.de – Informationen des Büros gegen Altersdiskriminierung

www.nahrungsverweigerung.de – kritische Informationen zur Sondenernährung und zu den Alternativen

www.pflegestudium.de – Übersicht zu Studiengängen im Bereich Altenpflege

www.senioren-initiativen.de – eine Übersicht mit mehr als 1000 Initiativen, Gruppen und Einrichtungen für ältere Menschen

www.stiftung-pflege.com – gezielte Informationen für Betroffene und Plädoyer für ein Verständnis vom Pflegen als gesamtgesellschaftliche Aufgabe

www.ungesundleben.de – Hintergründe zur Privatisierung im Gesundheitswesen

LITERATUR

Anonymus: «Wohin mit Vater?» Ein Sohn verzweifelt am Pflegesystem, S. Fischer, Frankfurt am Main 2007

Breitscheidel, Markus: Abgezockt und totgepflegt. Alltag in deutschen Pflegeheimen, Econ (Ullstein), Berlin 2005

Deiseroth, Dieter und Falter, Annegret (Hrsg.): Whistleblower in Altenpflege und Infektionsforschung. Preisverleihung 2007: Liv Bode, Brigitte Heinisch, Berlin 2007

Engel, Stefan: Götterdämmerung über der «neuen Weltordnung», Verlag Neuer Weg, Essen 2005

Fussek, Claus und Schober, Gottlob: Im Netz der Pflegemafia. Wie mit menschenunwürdiger Pflege Geschäfte gemacht werden, C. Bertelsmann, München 2008

Fussek, Claus und Loerzer, Sven: Alt und abgeschoben. Der Pflegenotstand und die Würde des Menschen, Herder, Freiburg 2005

Gärtner-Engel, Monika und Engel, Stefan: Neue Perspektiven für die Befreiung der Frau. Eine Streitschrift, Verlag Neuer Weg, Essen 2000

Gronemeyer, Reimer: Sterben in Deutschland. Wie wir dem Tod wieder einen Platz in unserem Leben einräumen können, S. Fischer, Frankfurt am Main 2007

Milgram, Stanley: Das Milgram-Experiment. Zur Gehorsamsbereitschaft gegenüber Autorität, Rowohlt, Reinbek 1974

Rügemer, Werner: Privatisierung in Deutschland. Eine Bilanz, Verlag Westfälisches Dampfboot, Münster 2006

Wörn, Astrid: www.heutewirmorgenihr.de. Freude und Leid – Mut und Wut. Pflegealltag in Deutschland, Vektor Verlag, 2004